DXの真髄

Digital Transformation

日本企業が変革すべき
21の習慣病

アビームコンサルティング
安部 慶喜　柳 剛洋 共著

日経BP

〃この本を手にしたあなたへ〃

〃DXとは、デジタル・トランスフォーメーション(Digital Transformation)の略語である。〃

新聞や雑誌、インターネットのニュースでも、最近はこの注釈がほとんど見られなくなった。いまやビジネスの世界では最頻出用語の1つとなり、日本企業のほとんどが経営課題として掲げているといっても過言ではない。

しかし、日本企業は先進諸外国と比べて、デジタル活用が圧倒的に遅れている。いや、新興国にさえ、後れを取っている。情報収集力、資金力、人財力、その全てにおいて世界に引けを取らない日本企業が、これまで何度となくDXの取り組みに失敗してきた。

なぜ日本企業ではDXがうまくいかないのか？

その原因は、戦後の高度経済成長期以降、長きにわたって安定成長を続けた日本企業独特の「成功体験」にある。その成功体験を通して培われてきた組織、制度、ルール、業務プロセス、システムは高成長時代における「成功の方程式」ともいえるものであったが、バブル崩壊やリーマンショックなどにより経済・市場環境が変わってからも、見直されることはなかった。そして、近年のデジタル技術の進歩を伴う劇的な環境変化に対応できず、もはや悪しき「習慣病」となってDXを阻害するようになったのである。

本書では、「業務」、「組織・人」、「IT・新技術」の3分野にわたる「21の習慣病」とその対応策を一つひとつ解説している。また、これらの習慣病に抜本的なメスを入れながら、DXに真っ向から取り組み、大きな成果を挙げている日本企業6社の生々しい苦労とそれを乗り越えてきた成功ストーリーを、CxOの皆様に余すことなく語っていただいた。

日本企業独特の習慣病にしっかり向き合って取り組めば、DXは必ず成功する。本書にその全てを記した。これこそが日本企業における「DXの真髄」である。

安部 慶喜

RPAからDXへ

本書は、『RPAの威力』、『RPAの真髄』に続く第3弾である。『RPAの威力』では、当時、新技術であったRPAが働き方に与えるインパクトを考察し、人とロボットが共生する未来図を提示した。『RPAの真髄』では、RPAの活用を、部分的な自動化ツール導入ではなく、「全社改革の契機」として捉えて多大な成果を上げている企業を分析し、共通する成功の秘訣＝真髄を明らかにした。

本書では、DX（デジタル・トランスフォーメーション）にフォーカスしている。DXとは、「RPAをはじめとしたデジタル技術を活用して、全社的に業務プロセス、組織のあり方、人の行動を変革し、新たな価値を創造できるようにすること」を意味する。DXはともすると、新しい技術やサービス（DXの「D」）に目を奪われがちだが、その本質は「X」＝変革の方にこそある。

――なぜ日本企業のDXは進まないのか？

2019年12月。筆者は、ベトナム・ホーチミン市に滞在していた。YKKベトナムに

「YKK Vietnam RPA Contest 2019」の審査員として招かれたのだ（第5章参照）。一つひとつのソリューションも素晴らしかったが、最も印象に残ったのは、発表した社員たちの姿である。自らアイデアを出して変革していく高揚感、手ごたえにあふれていた。そこで目にしたのは、まさに「組織全体が変革された」状態だったのだ。

しかもその変革は一過性のものではない。今後も、新たな技術が生まれるたびに彼らは軽やかにそれらを使いこなしていくだろう。自らも変革していくだろう。そして変革の文化を次世代に受け継いでいけるだろう――、そんなことを予感させるに十分だった。これこそＤＸの本質ではないだろうか。

筆者は、この5年間で、少なくとも３００社以上でＲＰＡを活用した改革を支援し、クライアントの皆さまと一緒に成功させてきた。しかしながら、組織全体に改革を波及させ、一人ひとりの行動や意識まで変革したケース、つまりＤＸを成し遂げた企業は、そのうち1割程度にとどまる。多くの企業は、「ＤＸに取り組んでいるが思うような成果が出ない」、「推進力が弱い」、「抵抗感が強すぎる」といった悩みを抱え、改革の途上にある。

なぜ日本企業のＤＸは進まないのか。その原因は日本企業の内部構造にあるのではないだろうか。

組織に染みついた「習慣病」を克服せよ

内部構造とは、日本企業の業務プロセスや仕事のやり方、組織形態と運営方法、意思決定法、新技術やITへの取り組み姿勢などし、それらの根底にある思考法や文化を指す。これらは戦後の日本経済と個々の企業の成長とともに形成され、その成功体験により強化されてきたもので、無意識のレベルで組織内に浸透している。かつては成長を支えてきた「勝ちパターン」でもあるこの内部構造が、いまでは、業務の目的や意味を問わない形式主義や、新しいことへのチャレンジ精神を損なう減点主義につながり、様々な局面で変革の障害となっている。本書では、こうした事例を体系化し、克服すべき「21の習慣病」と名づけている。

DXとは、単にデジタル技術を使うことを意味するのではない。次々と生まれてくる新しい技術を取り入れ、ビジネスや業務を変革していく力、すなわち「変革力」を組織内に形成することを意味する。そのためには、内なる「21の習慣病」を理解し、克服することがどうしても必要なのだ。今回取り上げた6社の事例では、DXを、いま、まさに牽引しているCxOの方々に取材し、意見交換させていただいている。それぞれ、業種、状況、表現に違いはあるものの、「変革力を形成すること」を重視する点は共通であり、読者も多くの示唆を得られることと思う。

――いまこそ「X（変革）」に踏み出そう

コロナ禍が日本社会のデジタル化の遅れを白日の下に晒した。そしていま、官民ともにDXを日本再生のカギと捉え、取り組もうとしている。このことについては筆者も全く同感であり、この危機がもたらした貴重な気づきであると考えている。しかしながら、このDXの機運が、「新技術の導入」の域を出ないのであれば、残念ながら、私たちは最後のチャンスを逸することになるだろう。逆に、内なる習慣病を認識し、抜本的な改革に取り組むことができれば、欧米の追随ではない、日本型のDXを実現できるはずだ。

課題は私たち自身、私たちが形成してきた組織のうちにある。いまこそDXの真髄である「X（変革）」へと踏み出していただきたい。本書がその一助となれば、これに過ぎる幸いはない。

目次

DXの真髄

日本企業が変革すべき21の習慣病

目次

この本を手にしたあなたへ……1
はじめに……3

第1章 「変われない日本企業」のDXの実態……17
変革を阻む根本原因は、人・組織に染みついた「習慣病」

DXを推進する素地はそろっているが……21

1-1 日本企業の発展の歴史に「変われない原因」がある……22

熟練と前例踏襲をよしとする……25
「お手本通りに実行できる人財」を大量に囲い込み……27
情報システムを「モノ」と捉える……29

1-2 第4次産業革命によりデジタルと共創の時代が始まる……30

成功条件が一変、かつての強みが変革の足かせに……32

第2章「業務」の習慣病 業務本来の目的に立ち戻り、最適な形への再構築を……37

思考停止したままでは、DXは絶対に進まない……40

習慣病① 不明瞭な観点で何度も承認……42

承認観点の見直しで、最大20回の承認をわずか3回に……45

習慣病② おもてなし精神で過剰サービス……47

サービス水準を定義し、コストに見合わない個別対応を一掃……48

習慣病③ 些細なことまで完璧主義……52

目的に照らし、重要取引だけを優先処理……53

習慣病④ やめられない紙文化……56

業務プロセスの上流で「紙」をデジタル化……57

習慣病⑤ 長い・決まらない会議だらけ……60

会議時間を半分にしても、8割は「問題なし」……63

習慣病⑥ 組織に合わせた縦割り業務……64

プロセスオーナーが業務を標準化……65

習慣病⑦ 職位と業務内容のミスマッチ …… 68
業務の担い手を最適化し、単純作業はロボットに任せる …… 69

第3章 「組織・人」の習慣病 …… 73
全社戦略と連動した組織・人事制度改革が急務

習慣病⑧ 人財戦略なき人事制度 …… 78
経営戦略に基づき、思い切った人事施策を断行 …… 80
習慣病⑨ パッチワークの人事制度 …… 83
人財マネジメント方針のもとで一貫した人事制度を設計 …… 84
習慣病⑩ 全社視点なき足し算経営 …… 88
全社戦略に沿って各事業部門の目標と資源配分を最適化 …… 89
習慣病⑪ 組織間の壁を生むピラミッド構造 …… 92
組織をフラット化し、若手の活躍を促進 …… 94
習慣病⑫ 世間知らずの職人集団 …… 98
ローテーションを活用し、事業に対する視野を広げる …… 99

習慣病⑬ 事なかれ人事評価……103
成長とチャレンジを促す評価制度へ……104
習慣病⑭ 自分で考えない指示待ち人財……108
人事評価と連動する「考える機会」を提供……109
Column 海外現地法人こそ、成長のためにDXを……114
第4章「IT・新技術」の習慣病……121
思い切って転換すべきは「技術との向き合い方」
習慣病⑮ IT戦略なきIT投資……125
経営戦略と一体でIT戦略を策定すべき……126
習慣病⑯ 責任・検証なき投資プロセス……130
投資対効果重視の実行体制と検証プロセスを整備……131
習慣病⑰「つくる」ことが目的化……134
「使わせて効果を出す」までをプロジェクトがコミットする……135

習慣病⑱ 過剰な完璧主義・安全志向……140
アジャイル型でまず推進、「試してダメなら戻せばよい」……142
習慣病⑲ 同業他社との横並び……145
現場に目を向け、独自開発のアプリでファーストムーバーに……147
習慣病⑳ ベンダー依存体質……150
発注方針を定め、ベンダーとの役割分担を明確化……151
習慣病㉑ 低いIT・デジタルリテラシー……155
「まずは全役員から」、リテラシー向上策を全社で推進……156

第5章 変革を遂げた先進6社の取り組み …… 161

CxOが語る企業変革の軌跡

5-1 あいおいニッセイ同和損害保険 …… 162

従来の常識を超える発想転換で変革を推進
DX推進担当を起点に業務効率3割アップへ …… 162

デジタルで業務の効率化を図り、経営資源を新ビジネスの創造に …… 164
現場型から直下型にアプローチを変更、RPA導入前にまずBPRを …… 167
各事業部門にDX推進担当を、やる気をそがない人事評価へ …… 169
コロナ禍で見直しの好機到来、営業部門も改革を加速 …… 172

5-2 ブラザー工業 …… 176

縦割り業務や会議のムダを徹底排除
業務の「見える化」で社員の改革意識も促す …… 176

部分最適となる「縦割り業務」のムダを削減 …… 178
効率化を阻む「業務ルール」をトップダウンで排除 …… 180
問題を「どう気づかせるか」が最大の勝負所 …… 181
旗振り役に部門長経験者を起用し、現場を動かす …… 184
社員のITスキルアップで長期的な成長も …… 185

5-3 アコム …… 188

非常事態下の守りの経営から反転攻勢へ 人材育成・活性化を軸に変化対応力を強化 …… 188

経営とシステム部門の意思疎通を促す「IT戦略会議」 …… 190
現場から抵抗を受けながらもジョブローテーション断行 …… 192
システム部門のスキルを磨き、ベンダー依存を解消へ …… 194
目標達成に自ら乗り出せ、若手・中堅に中計の策定を任せる …… 195
情報や経験を社員にインプットすることが大切 …… 197

5-4 千葉銀行 …… 200

「紙」と「印鑑」の使用〝ゼロ〟その先に目指す新たな銀行の姿 コロナ禍の勤務制限下でも、急増する資金需要に応える …… 200

「紙」と「印鑑」の使用〝ゼロ〟に …… 202
事務集中部門のデジタル改革 …… 203
営業店の改革に向け、新たな挑戦 …… 206
「DXのその先へ」、目指す銀行の新たな姿 …… 208

5-5 ユニバーサル ミュージック 212
音楽市場のデジタル化に備える3つの構造改革
BPRを通じ「変革への気づき」を促す 212
構造改革で目指す「型」づくり、社員の変革でそこに「魂」を 215
プロセスイノベーターを置き、「改革は当たり前」の文化を 217
過去の成功体験にとらわれず、危機や弱みの認識と共有へ 218
スモール・ハピネスを積み重ね、社員のマインドを切り替える 221

5-6 YKKベトナム 224
現地採用人材の潜在能力が一気に開花
業務改革の意識が行動変容をもたらす 224
「仕事のやり方自体を変える」意識が行動変容の契機に 226
現地採用の高学歴人材に、働く喜びを感じさせたい 227
RPAを導入したものの成果は限定的 229
業務改革とセットでRPAに再挑戦 230
現場自立型へ転換、ロボットコンテストを企画 232
普段は倉庫で働く若手社員が見事なアイデアを披露 233

第6章 DXを成功に導くカギとは …… 237
「新しい成功体験」を積み重ね、変革し続けられる企業へ

6-1 DXとはデジタル技術を活用することなのか …… 239
DXで「人の役割」が大きく変わる …… 242
情報システムの操作は、人ではなくデジタルレイバーに …… 247

6-2 DXを成功に導く3つのカギとは …… 250
まず社内のDXで社員一人ひとりが変革力を身につけるべき …… 253

6-3 DXで日本企業復活へ …… 256

おわりに …… 258
著者紹介 …… 260

第1章

「変われない日本企業」のDXの実態

変革を阻む根本原因は、人・組織に染みついた「習慣病」

日本企業の「デジタル・トランスフォーメーション（DX）」は、世界のなかで遅れている。まず、このことを直視する必要がある。「変化」に対する受容性が海外企業よりもかなり低く、デジタル化がなかなか進まないのだ。

新型コロナウイルス感染症（COVID-19）によるパンデミック（世界的流行）は、その実態を白日のもとに晒したといっていいだろう。多くの企業が突然テレワークを迫られたが、旧態依然とした業務プロセスとデジタル化の遅れが相まって、すぐに対応できた企業は予想以上に少なかった。

例えば、「書類にハンコを押さないと業務が進まない」、「非対面の営業活動（オンライン営業など）をする手段がない」、「会社の業務システムに自宅からアクセスできない」といった問題だ。「どうしてもテレワークを実施できない仕事（モノを動かす製造・物流・小売り関係や交通、人との接触が不可避な福祉関係の仕事など）」ではないのに、思いもしなかった課題がいくつも浮き彫りになり、テレワークに踏み切れなかったのだ。

対照的なのは、外資系企業だった。同じ時期、「どの部署も滞りなくテレワークに移行できている」と話す企業が多かった。業務のデジタル化の度合に大きな差があったのだ。例えば、これら外資系企業はハンコ文化と無縁であり、決裁処理はペーパーレスのワークフロー・システム上で行われるため、ネットワークさえつながっていればどこでも決裁でき

図1-1 世界と日本のテレワーク実施状況

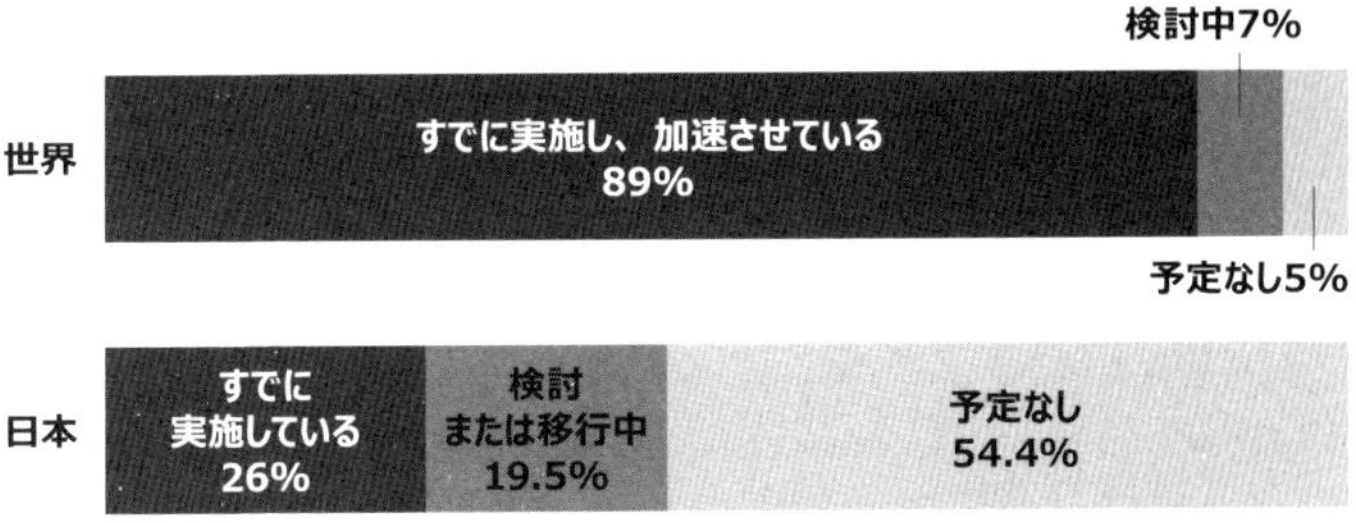

〈世界〉調査対象：99カ国約4000社　調査期間：2020年3月18日~26日
〈日本〉調査対象：東京商工会議所の会員企業1333社　調査期間：2020年3月13日~31日

出所：コーン・フェリー「Impact of COVID-19 on Rewards & Benefits（March 2020）」
東京商工会議所「新型コロナウイルス感染症への対応に関するアンケート」

た。

こうした格差を端的に示しているのは、世界と日本のテレワーク実施状況を比較した**図1-1**である。調査時点は、いずれも2020年3月下旬。この時点で世界99カ国の企業の9割近くが既に在宅勤務の促進と支援システムの構築に取り組み、テレワークを実施していた。これに対して日本企業は、テレワークを「実施している」企業は3割を切る水準だった。「検討中」を含めても5割に満たない。また驚くべきことに、「予定なし」という回答が半数以上に達した。日本企業の遅れが目につく。

デジタル化で遅れているのはテレワークだけではない。そもそも、様々な領域において日本のデジタル化はほかの先進国の後を追う状況がずっと続いている。

図1-2は、スイスの有力ビジネススクール「IM

図1-2　世界デジタル競争力ランキングにおける日本の順位の推移

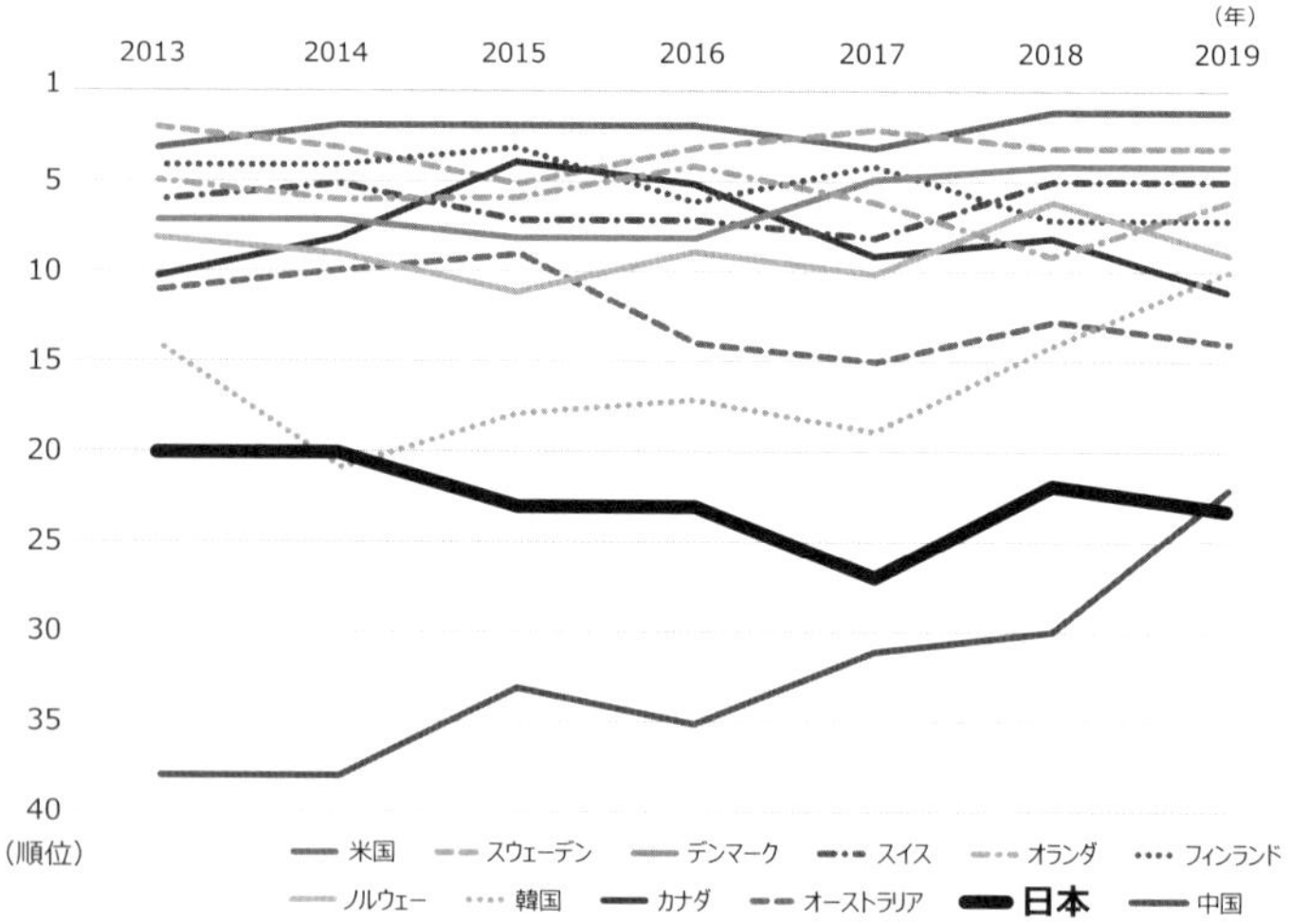

※OECDに加盟する上位10カ国と日本・中国を表示

出所：IMD International, Switzerland, World Competitiveness Center,www.imd.org/wcc「世界デジタル競争力ランキング」

D」が毎年まとめている主要国のデジタル競争力ランキングの推移である。このランキングは、知識、テクノロジー、将来に向けた準備という3つの観点から各国のデジタル競争力を評価している。

最近7年間の変動を追うと、日本は一貫して20位以下に低迷していることが分かる。2019年のランキングでは、1位は米国、2位はシンガポール、3位はスウェーデン。日本は63カ国中、中国に次ぐ23位だった。ただし、前年に比べ8つも順位を上げた中国に対し、日本はワンランク下がっている。22位と23位で並んではいるものの、競争力の伸びには大きな開きがある。

DXを推進する素地はそろっているが…

日本国内だけを見ていると気づきにくいが、世界と比べると日本のDXがどれだけ遅れているのかがよく分かる。

デジタル技術の活用はビジネスの競争力を大きく左右するようになっている。「このままデジタル変革で後れを取れば、日本企業のプレゼンスがさらに後退するだけでなく、存続すら危うくなる」という議論は以前からある。それに対して、日本企業もデジタル技術の重要性を認識し、活用に取り組んではきた。しかしながら、結果をなかなか出せずにいる。

全体的に見て、日本企業はAI（人工知能）やIoT（モノのインターネット）、ビッグデータなどの先端技術に関する情報収集を熱心に進めている。IT人財もハイレベルな知識とスキルを持ち合わせている。資金力に欠けるわけでもないはずだ。DXの推進に欠かせない素地が世界と比べて大きく見劣りするわけではない（図1-3）。

ただ、ビジネス上の成果につなげられた企業はまだ少ない。事業や業務を抜本的に変革

図1-3　日本企業におけるDXの取組時期・素地と成果のギャップ

先端技術の調査・検討は実施してきた	DXを推進するための素地は遜色ない
☑ AI（1956年~）	☑ 専門家の高度な知識力や技術力
☑ IoT（1999年~）	☑ グローバルの先進事例をとらえる情報収集力
☑ BigData（2001年~）	☑ DXを推進する資金力

先端技術の調査・検討に早くから多くの資源を費やしてきたが、
デジタルをビジネスに取り込み、活用できた企業は少なかった。

するレベルまで到達した企業はさらに絞られるのが実情だ。

素地が整い、着手もしているのに、これほどまで変革に対して腰が重く、成果が出ない原因は、一体何なのだろうか。それを突き止め、手を打たない限り、日本企業に未来はないだろう。

1-1 日本企業の発展の歴史に「変われない原因」がある

ＤＸが進まない大きな要因は、日本企業がたどった歴史のなかにあると考えている。

戦後、日本は高度経済成長を遂げ、１９９５年には世界のトップレベルにまで上り詰めた。当時の名目ＧＤＰ

図1-4　世界時価総額ランキングの推移

2020年のトップ50

順位	企業名	国名	産業	時価総額
1	アップル	アメリカ	テクノロジー	$1,820,845
2	サウジアラムコ	サウジアラビア	エネルギー	$1,758,991
3	アマゾン	アメリカ	テクノロジー	$1,585,505
4	マイクロソフト	アメリカ	テクノロジー	$1,552,131
5	アルファベット	アメリカ	テクノロジー	$1,013,614
〜				
48	トヨタ自動車	日本	自動車	$162,685

トップ50内の日本企業の数

1989年：32社

▼

2020年：1社

出所：Wright Investors' Service, Shelton, Connecticut, USA（2020年8月時点）

（国内総生産）は世界2位で、米国にも迫ろうかという勢いがあった。国民1人当たりの名目GDPも、当時の円高の影響はあるものの、米国を抜いて世界1位になったこともある。この急成長を支えた日本企業は、極めて優秀だった。

企業の時価総額でも同じことが見てとれる（**図1-4**）。2020年の世界時価総額ランキングのトップ50を見ると、日本企業でランクインしているのは48位のトヨタ自動車だけ。これがいまの日本企業の実力である。しかし、日本が高成長していた1989年を振り返ると、トップ50社の中に日本企業が32社もランクインしていた。当時の日本企業の優秀さが際立った数字といえるだろう。

図1-5　高度成長期からバブル期における日本企業の特徴

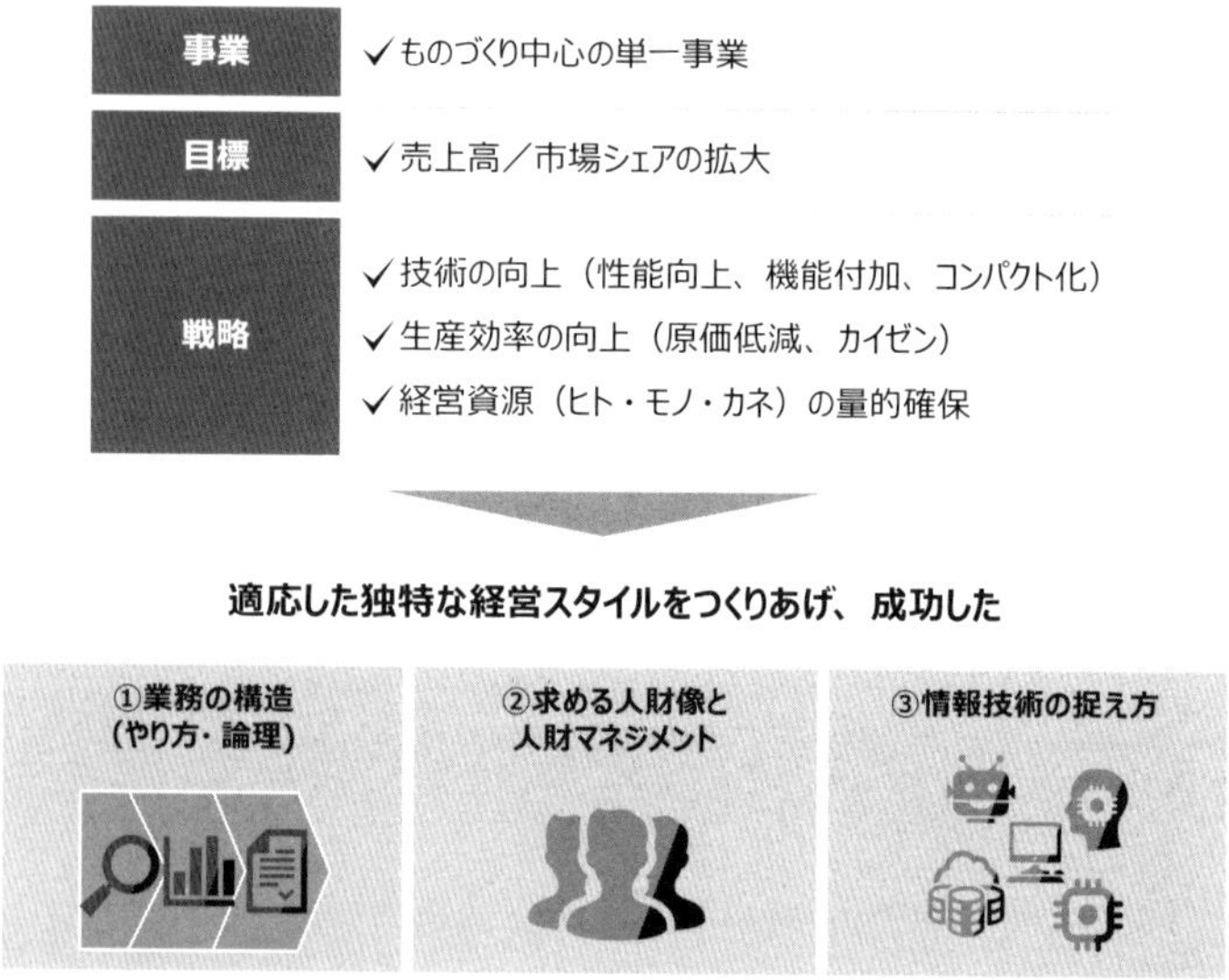

事業	✓ ものづくり中心の単一事業
目標	✓ 売上高／市場シェアの拡大
戦略	✓ 技術の向上（性能向上、機能付加、コンパクト化） ✓ 生産効率の向上（原価低減、カイゼン） ✓ 経営資源（ヒト・モノ・カネ）の量的確保

適応した独特な経営スタイルをつくりあげ、成功した

①業務の構造

（やり方・論理）

②求める人財像と

人財マネジメント

③情報技術の捉え方

世界でトップレベルの成功を収めた日本企業の経営には、ほかに類を見ない特徴があった。

当時の日本は、市場拡大を背景に「よいものをつくれば売れる」という時代だ。主力産業は製造業、事業構造はシンプルな単一事業で、自動車メーカーはクルマを、家電メーカーは家電製品を開発・製造・販売していた。重視していたのは、主として売上高の拡大や市場シェアの拡大である。

つまり、様々な技術開発や製造原価の低減に注力して「よいもの」を「安く」つくり、カイゼンを重ね、大量に生産・販売してシェアを獲得する、というのが基本的な経営方針だったといえるだろう。そして、量的拡大を支えるために、ヒト・モノ・カネの経営資源を大量に確保して、製造現場、営業現場に投入した（図1-5）。

この時期に、日本企業は独特の経営スタイルをつくり上げている。市場が右肩上がりに成長している時代には、まさに最適だった。これを武器に日本企業は世界の第一線へと駆け上がっていったのである。

この日本企業独特の経営スタイルを、「業務」、「組織・人」、「IT・新技術」という3つの視点で、もう少し詳しく見てみよう。

熟練と前例踏襲をよしとする

まず業務面。グローバルの視点で見ると、日本企業の業務には固有の文化や風土に根差した3つの大きな特徴がある（図1-6）。

1つは、業務と担当社員が密接に結びついている点だ。海外では異動や転職を前提に業務が標準化されているのに対し、日本企業では終身雇用を前提に特定の社員が同じ業務を長期にわたって担当することが多い。そうすれば、熟練して業務の品質やスピードが向上

図1-6　日本企業の業務の特徴

日本	欧米
終身雇用・少ない異動を前提として業務が**属人化・熟練化**	転職を前提として業務を**標準化**
現場力の重視により、業務が**個別最適化**	投資対効果を重視した**トップダウン**の意思決定構造により、業務が**全体最適化**
減点主義により、**前例踏襲**をよしとする	**実力主義**により、**成果と効率**を追求

現場の継続性を重視し、業務増には人の投入でしのいできた

するというメリットがあった（属人化）。

２つめは、現場重視の姿勢だ。日本企業の現場には、独自にカイゼンを重ね、パフォーマンスを上げる力があった。海外と比べて日本企業は現場の力が競争力につながっているとされ、現場を尊重してその力を最大限に引き出すことがよいとされていた。個別の現場単位で、合理性を極限まで追求してきたのである（個別最適化）。

３つめは、前例踏襲をよしとする文化である。単一事業・量的拡大の経営モデルでは、決められた目標に向かって、完成された手順を効率よく正確に実行することが最も合理的であった。これまで成功してきた事業・業務をさらにカイゼンによって少しずつ磨き上げ、踏襲することは理にかなっていた。人事評価も減点主義で、「前任者と同様に」、「失敗しないように」という行動を促していた（前例踏襲）。

高度経済成長期には、この経営スタイルが企業の成長につながっていた。業務本来の目的に立ち返って業務を見直すよりも、現場の活力と生産量を優先し、その結果として業務量が増えたとしても、新しい人財を次々に投入することで解決できたからだ。

「お手本通りに実行できる人財」を大量に囲い込み

次に人財面を見ていこう。高度経済成長期に企業が求めていたのは、高品質な製品・サービスを大量に製造・提供するのに向いた「人財の量的確保」だった。多くの人財を効率的に採用できる新卒一括採用や、長期にわたって自社に囲い込める終身雇用が定着したのも、人財確保に都合がよかったからだ。

質の面では、単一事業の拡大という目的に向かって効率的に組織を運営するために、個性的な人財よりも「同質的な人財」を求めた。何か1つに秀でているよりも、「何でもそつなくこなせそうなゼネラリスト候補」を採用した。また、欧米の先進企業に追いつき、追い越すことを目指していたため、「手本にならって、一生懸命努力する人財」や「与えられた指示を正しく遂行できる人財」が求められていた。

人財マネジメントには、こうした考え方が明確に反映されている。図1-7のように、学

図1-7　日本企業の人財マネジメント

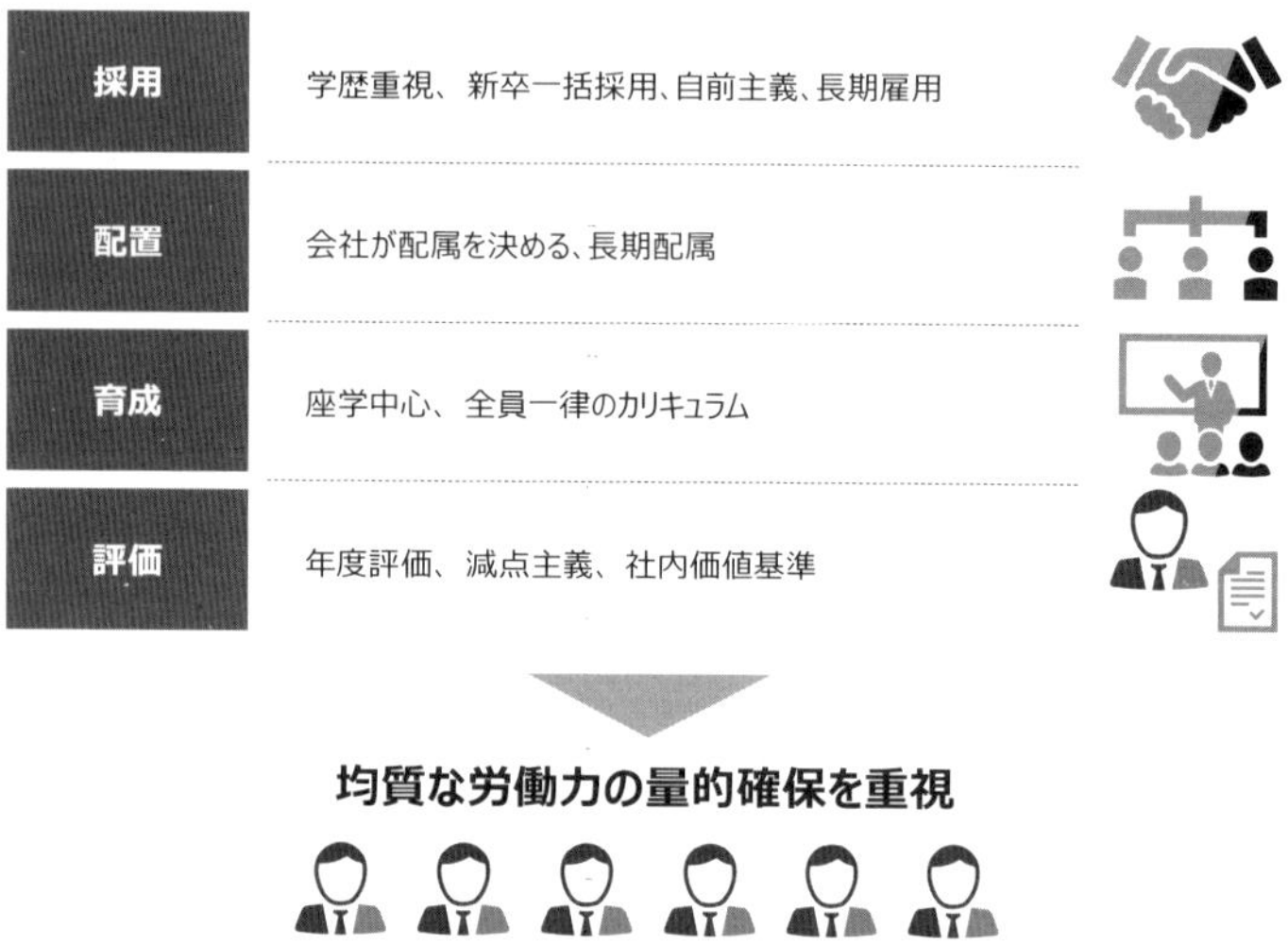

採用	学歴重視、新卒一括採用、自前主義、長期雇用	
配置	会社が配属を決める、長期配属	
育成	座学中心、全員一律のカリキュラム	
評価	年度評価、減点主義、社内価値基準	

均質な労働力の量的確保を重視

歴重視、新卒一括採用、自前主義、長期雇用によって、同質の人財を大量かつ効率的に確保することを目指した。

人財の配置は、企業が決める方針に基づいて、長期配属を前提に人事を発令する。ゼネラリストを採用しているからこそ、これができた。育成面では、効率を重視して対象者一律となる座学中心の研修カリキュラムを提供する。学校教育と同じやり方だ。

人財の評価は、加点主義ではなく減点主義の傾向が強かった。「お手本通りに実行」できれば満点、そうでなければ減点、というわけだ。

図1-8 独特な「IT(情報技術)」の捉え方

	日本	欧米
ITの捉え方	• 効率化の手段 (システム=モノ=機能)	• ビジネスを飛躍的に向上させる技術 (=Information Technology)
投資方針	• 現状維持・更新がメイン • 予算総額、P/Lへのインパクトを重視	• 事業・業務の改革がメイン • ROIを重視
導入方法	• 外部ベンダーから購入	• 社内のIT知見者が主導

情報システムを「モノ」と捉える

最後に、「IT・新技術」についてである。

まず、ITの捉え方が独特だ(図1-8)。ITは本来、ビジネスを飛躍的に向上させるための「技術」である。ところが日本企業では、「IT=情報システム」と意訳し、技術というより「モノ」(効率化の道具)と捉える傾向があるようだ。

投資方針は、既存の情報システムを維持・更新することが中心となっている。効率化の道具なのだから、計画的にメンテナンスしたり、機能強化したりして使い続け、トータルの投資額を抑えることを重視する。そのため、投資対効果に関する議論はあまりせず、情報システムの予算総額をチェックし、それがP/L(損益計算書)に与えるインパクトが大きすぎなければよしとしていた。

導入方法についても、やはり「IT=情報システム=モノ」として捉えているため、外部のＩＴベンダーから「購入するもの」あるいは「つくってもらうもの」という意識が強い。海外では、ＩＴはビジネスを変える技術と捉え、自社のビジネスをよく知る社内の人財がＩＴ活用を主導すべきと考えるので、社内にＩＴ人財を多く抱えている。これに対して日本企業は、ＩＴベンダーとの長年にわたるパートナーシップにより社内のＩＴ人財の数を増やさずに対応している。

ＩＴに対するこのような考え方は、ＩＴが主に効率化の道具だった時代にはマッチしていた。事業の主眼はあくまでも大量生産であり、ＩＴは一定の予算内で、情報システムという「モノ」を社外のＩＴベンダーから調達すれば、目的を達成できたからだ。

1-2 第４次産業革命によりデジタルと共創の時代が始まる

高度経済成長期における日本企業の独特な経営スタイルについて、「業務」、「組織・人」、「ＩＴ・新技術」という3つの視点で考えてきた。いずれも当時の経営環境にはマッチし、

図1-9　ここ30年で起こった新しい変革のうねり

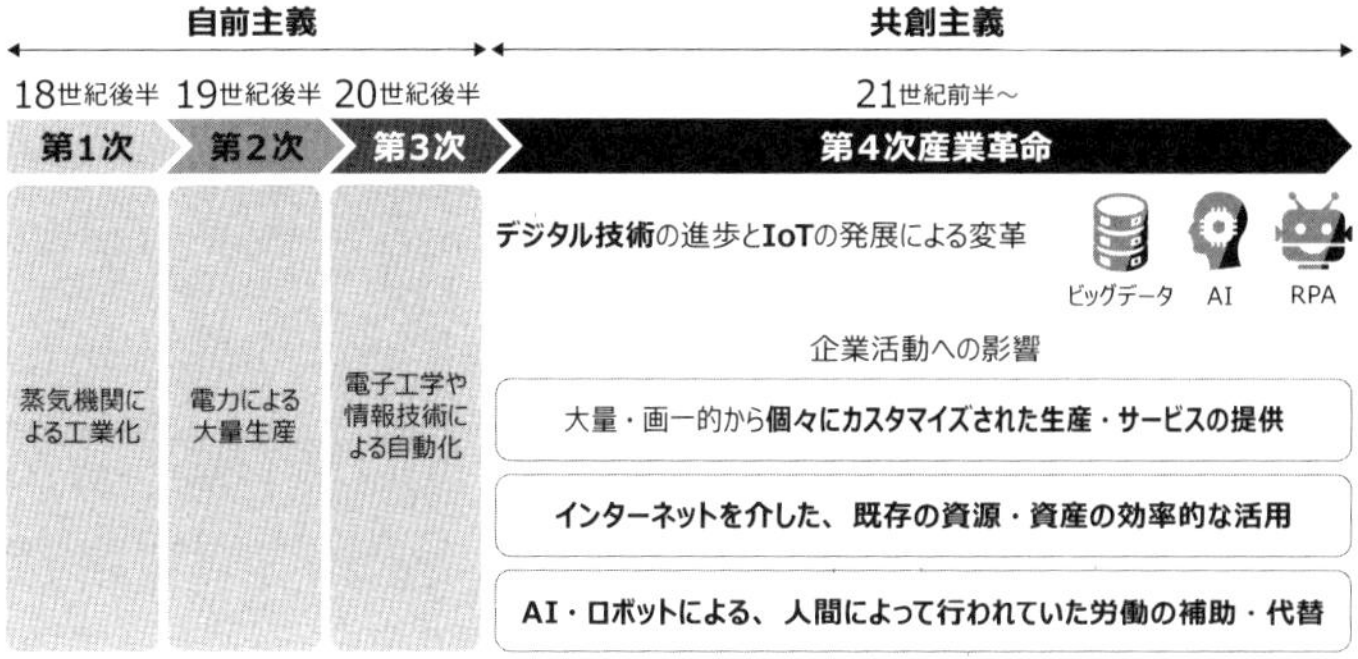

日本企業の成長・成功の強力な原動力となっていたことが分かる。

だが１９９５年ごろから、経営環境が世界中で大きく変化し始めた。日本企業の成長も一転して鈍り、世界での競争力を失っていったのは周知の通りである。この変化は、「産業構造レベル」の変化だった。

これまでの産業構造の変化を振り返ると、18世紀後半に起こった第１次産業革命から、第２次、第３次と産業革命が続き、いま第４次産業革命が起こっている（**図１-９**）。第４次産業革命ではデジタル技術の進歩とＩｏＴ（モノのインターネット）の発展により、経営環境が一変している。生産方式は個々にカスタマイズされた多品種・少量生産へとシフトし、既存の資源・資産はインターネットを介して効率的に共有・活用できるようになった。さらにＡＩ（人工知能）やＲＰＡ（ロボティック・プロセス・

オートメーション）などのロボットが人の労働を補助・代替するようにもなった。

この時代を表すキーワードは「ＶＵＣＡ（不安定、不確実、複雑、曖昧）」だ。つまり予測不能な時代である。突然、新しい技術が生まれ、それが突然、新しい市場をつくり、従来の市場を壊していく。以前のような業界の境目はなくなり、大きく広がった市場のなかで、さらに変化を続けている。

結果として、大量消費社会は終焉を迎えた。さらに日本国内では、95年に生産年齢人口がピークを迎え、減少に転じている。国内需要は減退期に入ったのである。

戦後から95年まで日本は「単一事業・量的拡大モデル」で稀有な成功を収めたが、95年以降の第４次産業革命により、この成功モデルは全く機能しなくなってしまった。

成功条件が一変、かつての強みが変革の足かせに

一度は世界トップレベルに上り詰め、95年ごろを境に停滞し始めた――。この大きな流れのなかで日本企業に起こったことこそ、日本企業のＤＸがうまくいかない本質的な原因ではないだろうか。

日本企業は、高度経済成長期に「強烈な成功体験」をした。単一事業・量的拡大モデル

によって世界市場でシェアを奪取し、いくつかの業種では、無敵ともいえる競争力を誇った。米国人の社会学者が日本の強さを解説した『ジャパン・アズ・ナンバーワン』(1979年発行)は国内で70万部のベストセラーになり、当時の日本企業は自らの力に強い自信を持ったのではないだろうか。

この強烈な成功体験は人・組織に染みわたり、高成長を支える「優れた習慣」となった。具体的には、業務、組織・人、IT・新技術という3つの視点から説明してきた日本企業独特の経営スタイルである。

第4次産業革命が始まる局面で、日本企業は新たな経営スタイルを模索すべきだったが、強烈な成功体験に依拠した習慣を捨てられず、対症療法に終始した。その結果、かつての「優れた習慣」は、時代遅れの「習慣病」に変質してしまったのである。例えば、前例踏襲をよしとする文化や、個別最適化した業務プロセスは、いまや変革を阻む存在でしかない。同質的な人財を大量に生む人財マネジメントは新しい環境に合わせた戦略を欠き、デジタル人財・変革人財を十分に育成できていない。ITベンダーとの長年にわたるパートナーシップはベンダー依存体質を生み、コスト高やIT企画力の低下を招いている。

このような弊害が顕在化しているにもかかわらず、日本企業はやり方を改められずにいる。習慣化しているからこそ、やめられないのだ。日本企業のDXがうまくいかない本質

図1-10　日本企業に染みついた21の習慣病

進化しない業務	硬直化した組織・人財	IT・新技術の誤解
1 不明瞭な観点で何度も承認	8 人財戦略なき人事制度	15 IT戦略なきIT投資
2 おもてなし精神で過剰サービス	9 パッチワークの人事制度	16 責任・検証なき投資プロセス
3 些細なことまで完璧主義	10 全社視点なき足し算経営	17 「つくる」ことが目的化
4 やめられない紙文化	11 組織間の壁を生むピラミッド構造	18 過剰な完璧主義・安全志向
5 長い・決まらない会議だらけ	12 世間知らずの職人集団	19 同業他社との横並び
6 組織に合わせた縦割り業務	13 事なかれ人事評価	20 ベンダー依存体質
7 職位と業務内容のミスマッチ	14 自分で考えない指示待ち人財	21 低いIT・デジタルリテラシー

的な原因はこの「習慣病」であり、ここにメスを入れなければ、DXは決してうまくいかない。

こうした習慣病を構造化し**図1-10**にまとめた。業務、組織・人、IT・新技術の領域でそれぞれ7つずつリストアップしている。

皆さんの会社で、いくつ当てはまるか数えてみてほしい。

様々な業種の業務改革プロジェクトで、経営者と会う機会に21の習慣病について尋ねると、ほぼ例外なく「ウチはほとんどあてはまる」という答えが返ってくる。それくらい幅広い企業に習慣病がはびこっている。「恥ずかしなら全部あてはまる」という重症の企業も決して少なくない。

日本企業がいま取り組むべきは、習慣病を一つひとつ克服して、VUCAの時代にふさわしい、新しい企業文化をつくり、DXに取り組んでいくことだ。DXを進める過程で、習慣病の解消を意識することがＤＸの実現には不可欠なのだ。

次章以降、業務、組織・人、ＩＴ・新技術の領域別に、習慣病の実態と解決方法について考察していく。

第2章

「業務」の習慣病

業務本来の目的に立ち戻り、最適な形への再構築を

図2-1　業務の習慣病

1. 不明瞭な観点で何度も承認
2. おもてなし精神で過剰サービス
3. 些細なことまで完璧主義
4. やめられない紙文化
5. 長い・決まらない会議だらけ
6. 組織に合わせた縦割り業務
7. 職位と業務内容のミスマッチ

日本企業が侵されている業務の習慣病（図2-1）は、第1章でも触れたように「業務の属人化」、「現場重視がもたらす個別最適化」、「減点主義による前例踏襲」といった日本企業独特の文化から生まれている。これら3つの文化について、背景や問題点を改めて見ていこう。

日本企業では、社員が終身雇用によって基本的に同じ会社で働き続けるのはもちろん、「営業畑」、「経理畑」といった言葉で表されるように、あまり異動せず、ずっと同じ部署に所属し続けることが多い。これによって、業務とその担当者が密接に結びつく「業務の属人化」が起こりやすくなる。

ある社員が同じ部署に長く居続けたとしよう。その社員は業務の進め方や例外処理の手順に精通するようになり、次第に「業務の主《ぬし》」として振る舞うようになる。熟練化して業務の効率が上がるうえ、業務の進め方で分からないことがあれば「業務の主」に聞けばよく、丁寧に教えてくれるので周りの社員もとても助かる。

ただし、業務のプロセスやルールは「業務の主」の頭の中にしかなく、ドキュメント化されていない。ほかの人が業務プロセスを改善しようとしても、手を出せなくなっているのが実情である。

これは日本企業の「現場重視がもたらす個別最適化」の問題とも関係している。日本企業の現場には、既存の業務に対して、独自にカイゼンを重ねて効率や品質を向上させる力があった。現場に大きな裁量を与え、現場の工夫を尊重するのが日本企業の文化であり、強みでもあったといえる。だが一方で、これは業務の個別最適化を生む要因でもあった。

例えば新しい業務の進め方を決める場合、トップダウンで決めることは少ない。上司が現場担当者（業務の主など）の意見を聞いて尊重し、その担当者にとって「都合のよい進め方」を採用することが多いだろう。ほかの部署も含めて横串を刺すようなアイデアは出てこず、ほとんどの場合、個別最適な業務になってしまう。

組織構造の観点でみても、日本企業は階層が多く、組織ごとの結束が強い、いわゆる縦割り組織になっている。この組織構造のもとでは、業務の個別最適化がますます進んでいく（習慣病⑪「組織間の壁を生むピラミッド構造」参照）。

3つめの独特な文化、「前例踏襲」も根が深い。単一事業・量的拡大の経営モデルでは、出来上がったやり方を効率よく正確にやることが最も合理的とされていたからである。この意味において、減点主義の人事評価制度もフィットしていた。

しかし、減点主義のもとでは「ミスをすると損をする」ため、社員は新しいこと、現状の業務を変えることには取り組もうとせず、「前例を踏襲していれば、だれにも文句を言われないから安心」という考え方を持つようになる。

その結果、「なぜ、この業務が必要なのか」、「なぜ、こういう進め方をするのか」という点にあまり疑問を持たず、上司や前任者から言われた通りにやるのが当たり前になっている。「なぜ」と考えるよりも、「決められた仕事をできるだけ早く、正確に遂行すること」の方が、減点されないためには重要なのである。

海外企業と比べると、文化の違いが際立つ。海外は成果主義なので、前任者より成果の出るやり方はないか、あるいは昨年の自分のやり方より成果が出る方法はないかと考える。より大きな成果が出れば、それが自分の評価を高めることにつながるからだ。

思考停止したままでは、DXは絶対に進まない

かつて、日本企業の高成長に寄与していたこれらの独特な文化が、経営環境の激変によ

り、強みから弱みに変わってしまったことは、皆、薄々気づいていたのではないか。それなのに時代遅れの文化を改めようとせず、思考停止したまま長年にわたって放置してきた。その結果、時代遅れの文化は現場の隅々にまではびこるようになり、業務の習慣病を形成していった。

これからＤＸ（デジタル・トランスフォーメーション）に取り組むうえで、習慣病の克服なしにＤＸの成功は望めない。習慣病により起こっている問題を直視せず、病気を抱えたままでは、変革に向けた意識改革をするのに膨大なエネルギーを必要とするはずだ。ＤＸのためにＩＴツールを導入しても、業務そのものを見直し、変える気がないのであれば、それは変革にならないだろう。また「なぜ、この業務が必要なのか」といった業務の目的に立ち戻る意識がなければ、何が無駄で、どうすればよくなる、という改革案を出せるはずがない。業務の習慣病の克服は、待ったなしの状況といえる。

では、日本企業は「業務の習慣病」にどのように向き合い、固有の企業文化や組織構造から抜け出し、ＤＸへの糸口をつかんでいくべきか――。ここからは習慣病の問題点と克服の仕方をみていこう。

習慣病①

不明瞭な観点で何度も承認

日本企業は、あらゆる業務を多段階で承認する仕組みを持つ。たくさんの押印が必要になることから、よく「スタンプラリー」などと皮肉られている。

もちろん、承認の回数が増えていったことには理由がある。何か業務上のミスでトラブルが生じた際に、再発防止策として確認・承認を増やしたり、法改正で対応を迫られたりしてきたからだ。「再発防止のためにチェックを増やす」、「内部統制を強化するため、承認回数を3回から4回に増やす」と言えば対策したことになり、事業の成長を最優先してきたので、業務が多少増えても気にしてこなかった。

だが、一つひとつの承認の観点が不明瞭で整理されていないため、同じ観点で何度も承認を繰り返すムダが発生している。これでは承認回数を増やしたにもかかわらず、統制強化につながっていない。手間がかかるばかりで、業務のスピードも下がってしまった（**図2-2上**）。

本来、承認とは、ある権限と責任のもとで業務の正当性を確認した証となるものだ。その基本に立ち返れば、内部統制を強化するために重要なのは決して承認の回数を増やすことではなく、承認の観点と責任を明確にすること、そして責任を曖昧にしないためにも「1観点＝1承認」という原則を徹底することである（**図2-2下**）。

例えば、最初の承認者は、記載内容に間違いがなく、証憑の内容と一致しているかどうかだけ確認する。そこまで確認できていれば、次の承認者は稟議内容に踏み込んだ判断を下せばいい。例えば、取引相手や金額に問題はないか、会社全体のキャッシュフローの観点から支払いの時期や金額に問題はないか、などである。

業務に必要な承認観点を明確にし、それぞれ責任を持つべき人に承認を任せれば、より少ない承認者できちんと統制を利かせられる。このような形に承認プロセスを変革していかなければならない。

もう1つ、証憑との突き合わせのような単純な照合作業は、人より機械のほうが圧倒的に高い精度でこなせる、という点も意識してほしい。たとえ証憑類のデジタル化が進んでいなくても、AI-OCR（光学的文字認識）を用いてデジタルデータに変換すれば、それを基にRPA（ロボティック・プロセス・オートメーション）で照合作業を自動化できる。

図2-2　習慣病①不明瞭な観点で何度も承認

■多くの人が様々な観点から、とりあえずチェック・承認を重ねている

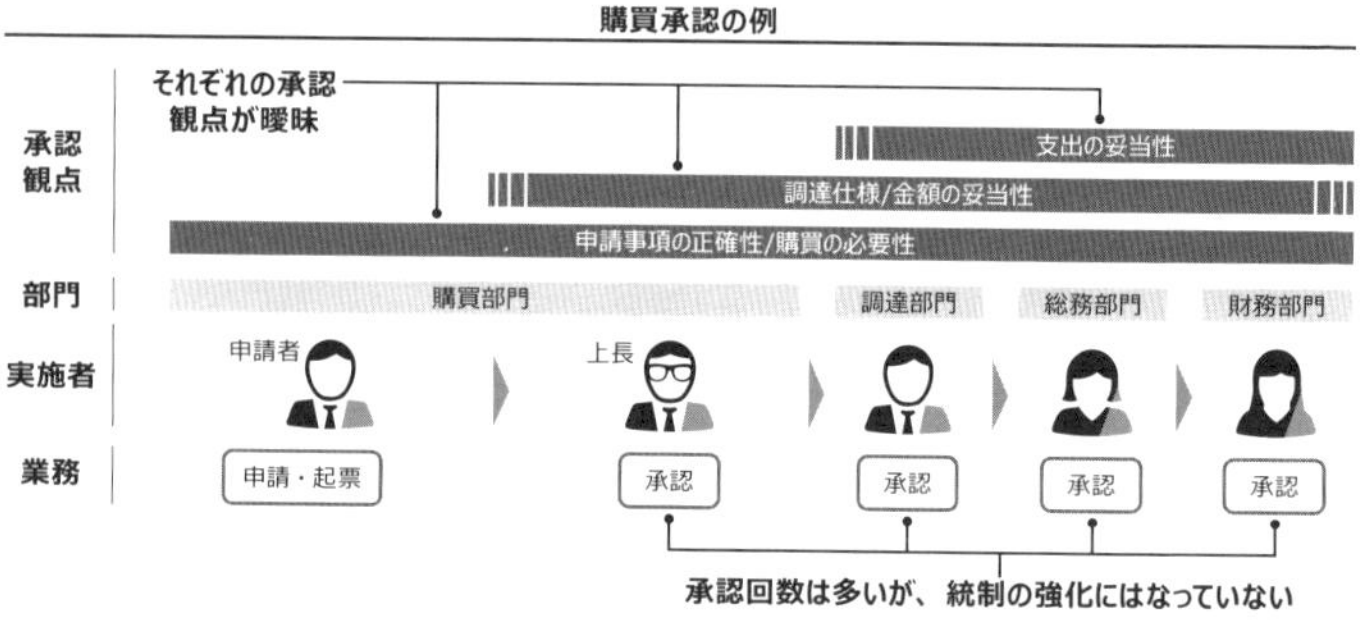

■承認観点を明確にし、観点ごとの担当者が責任を持って承認すべき（1観点＝1承認）
■単純な照合やチェックはデジタル化し、デジタルと人がそれぞれ担う部分を見極める

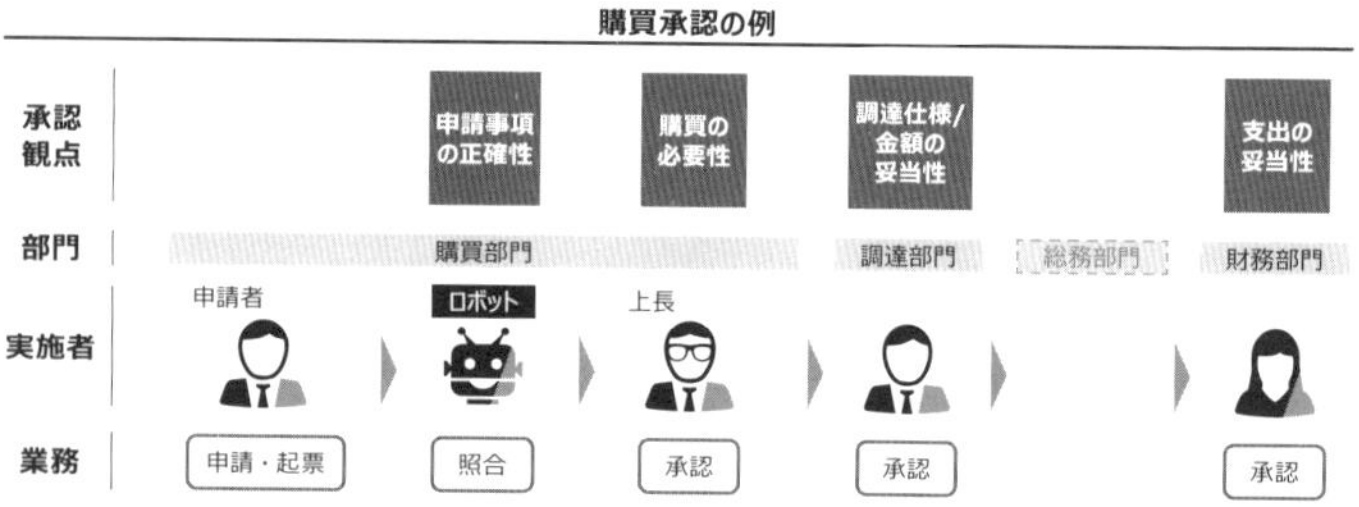

承認観点の見直しで、最大20回の承認をわずか3回に

承認観点の見直しによって、承認プロセスを劇的に短縮した実例を示そう。

金融業のA社では、デジタル技術を活用した業務改革で生産性向上を目指し、その一環として意思決定のスピードアップや回付プロセスの簡素化に取り組んでいた。ある業務の承認プロセスでは最大20人の押印が必要になるなど、承認と意思決定の流れが非常に悪かったからだ。

改革の過程で驚いたのは、承認の権限と責任を持つ20人にヒアリングした結果だ。承認者自身の責任として確認すべき観点を明確に答えられた人が1人もいなかったのである。しかも、20人のうち5人は、「前の承認者が印鑑を押していれば、自分も無条件に押印している」と答えた。

問題はそれだけではない。最大20人で確認・承認していながら、確認漏れで小さなトラブルが起こることもあった。確認すべき観点が曖昧なため、誰の目も届かない「確認事項の漏れ」が生じていた。

そこでA社は、まず「承認とは何か、何のためにするのか」を問い直し、承認の観点をしっかりと整理した。この観点に基づいてプロセスと承認者を再検討したところ、最大20

人の承認者を3人にまで絞り込むことができた。

例えば役務・物品の購買業務では、承認者は発注部門、調達部門と財務部門だけ。発注部門では、購買する役務・物品の価値に対する金額の妥当性を確認する。これに対して調達部門では、役務・物品の仕様に対する金額が市場価格と比べて妥当かどうかを確認する。調達記録を基に購入先が妥当かどうかをみるのも、調達部門の責任者がチェックするようにした。金額によっては、最後に財務部門が資金の観点から問題ないかを確認する。承認の観点をこれだけ絞り込んでも、A社の購買業務は問題なく回っている。承認プロセスも劇的にスピードアップした。

この成功をきっかけに、業務を見直す際の社員の意識が大きく変わった点も成果の1つといえるだろう。A社全体の業務改革にも好影響を与えている。

A社のような課題に対し、ワークフローツールを導入して承認プロセスをスピードアップすることもできるが、それだけではDXといえない。最大20回にも及ぶ承認プロセスを放置せず、まずそこに切り込んでいかなければ変革にならない。変革の要諦はデジタルツールの導入ではなく、同時にルールや制度を根本から見直すことにある。

習慣病②　おもてなし精神で過剰サービス

日本のお家芸ともいえる「おもてなし」の精神は、時として過剰サービスを生む。典型例は、営業部門でよく起こる顧客への個別対応だろう。営業担当者は、よかれと思って顧客からの細かな要望に対応する。営業担当者にしてみれば、顧客と良好な関係を築き、維持するために必要なことと思っている。だから、それが場合によっては「コスト高の例外対応」であることなど気にも留めず、自分が対応できる範囲で顧客ごとの個別対応を勝手に増やしてしまう傾向にある。業務が属人化し、現場重視の部分最適が進んでいると、こういった現場の判断がまかり通ってしまう（**図2-3上**）。

しかし、そのしわ寄せは必ずどこかに来る。営業担当者の生産性低下はもちろん、バックオフィス部門など下流の業務にも例外対応の悪影響が連鎖していく。社内にも「おもてなし」の精神があるので、連鎖を断ち切れずに対応し、業務量が次々と肥大化するのだ。例外ばかりの業務では、ITで自動化するのもままならない。

製造業B社は、そんな過剰サービスによって請求業務の効率が著しく下がっていた1社である。全社で進めていたDXプロジェクトの1つとして、B社は請求業務の改革に白羽の矢を立てた。

営業担当者たちの「おもてなし」はすさまじかった。請求書の書式を「請求先が指定するもの」に合わせるようになっていて、顧客の数だけ請求書の書式が存在する状態だったのである。顧客によっては、その求めに応じて営業担当者が郵送ではなくわざわざ請求書を持参することさえあった。こうした過剰なサービスが、営業効果を上回るコストを生んでいた。

B社のバックオフィス部門は、自社が発行する請求書なのだから、自社の書式で統一したい。その方がはるかに効率的なのは明らかだが、営業部門に訴えても「お客様の要望だから」の一点張りで押し切られていた。「顧客の要望に応えることが成長につながり、成長している限りは社内の業務プロセスなど二の次」という古いメンタリティーがいまなお残っていた。

サービス水準を定義し、コストに見合わない個別対応を一掃

業務の原則としては、顧客に対するサービスは費用対効果の観点でその適切さを判断す

べきだ（**図2-3下**）。手厚いおもてなしをしても、営業コストに見合う売り上げが見込めないなら、そのサービス水準は過剰といえる。もちろん、すぐに売り上げが見込めなくても長い目で見ておもてなしを許容すべき場合はある。だが、おもてなしに合理性がなく、顧客にいわれるまま対応しているだけならば、すぐにでも見直すべきだ。

過剰サービスを防ぐには、標準のサービス水準を定めることが重要である。過剰サービスか否かを現場の判断に任せるのではなく、客観的なサービス水準を基に判断できるようにする。そして、現場には「標準を超えるサービスはコスト増につながる」という意識を根づかせる必要もある。

この業務の原則に従ってB社は請求書の書式を統一し、顧客ごとに個別対応しないことを決めたが、当然ながら営業部門は「そんなことはお客様に承諾してもらえない」と抵抗した。これまで、おもてなしによって売り上げを伸ばしてきたという自負があり、過去の成功体験を引きずっていたといえる。

しかし、案件ごとの利益を重視し、常に費用対効果を意識せざるを得ないのが現状だ。B社は、請求書の書式を共通のものに統一することを伝える公式の文書を作成し、営業担当者に顧客を説得するよう指示した。顧客の承諾を得られない場合には、取引断念もやむを得ないという覚悟まで固めていた。

図2-3　習慣病②おもてなし精神で過剰サービス

■勝手な判断で始める「おもてなし」が非効率を招いている
■社内外を問わず、手厚いサービスをすることが「仕事ができる」ということではない

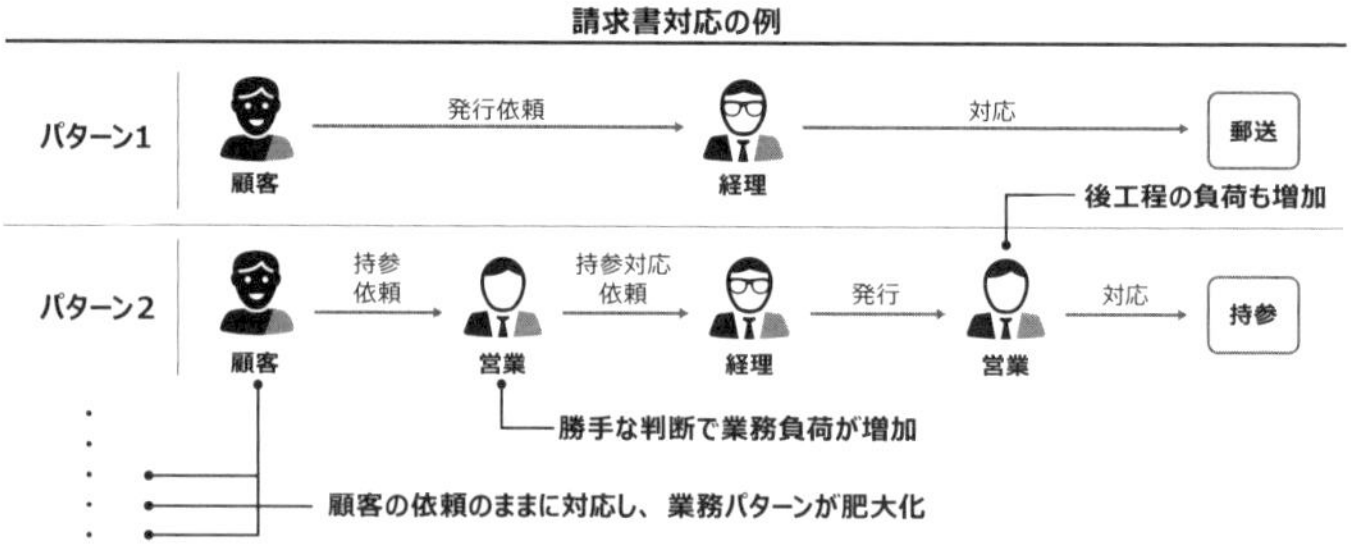

業務の原則　コスト意識をもってサービス水準を判断

■サービス提供者が個人で判断せず、投資対効果を考慮した合理的なサービス水準に沿って判断すべき

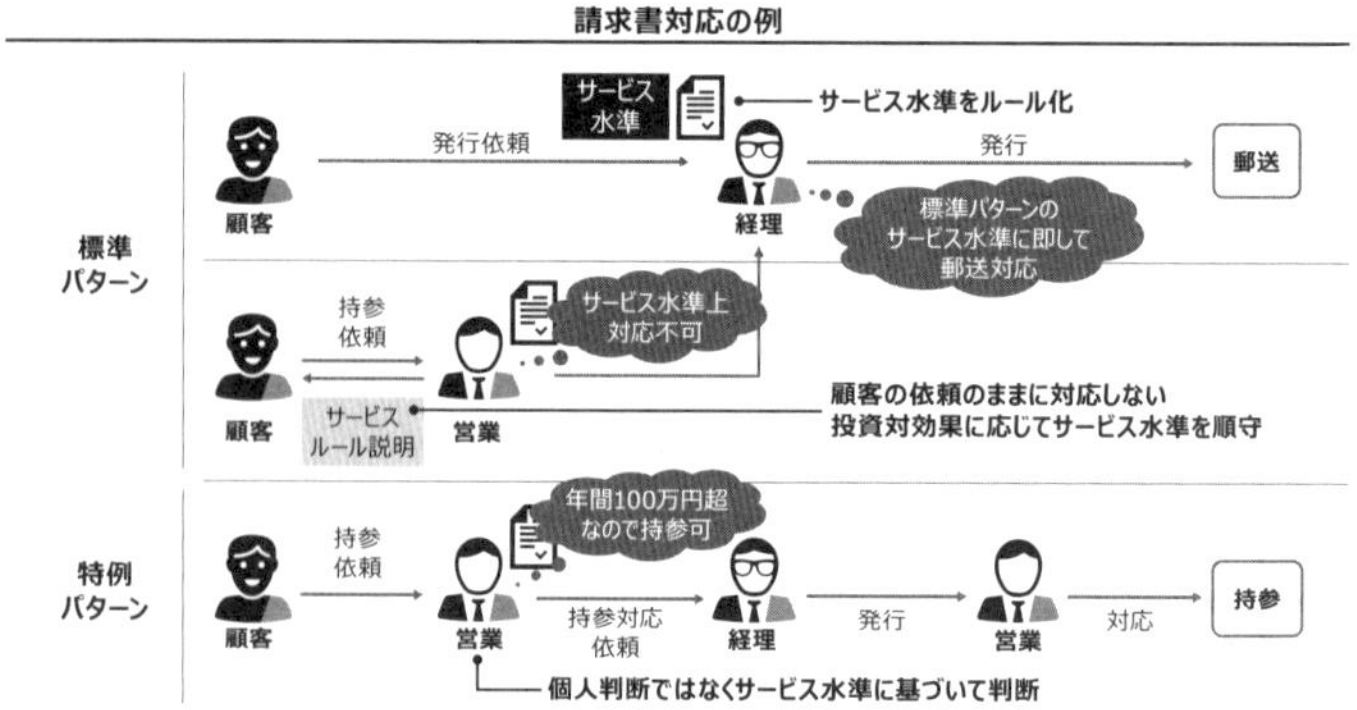

その結果は、営業部門にとって予想外だった。営業担当者が事情を説明し、会社の方針であることを伝えると、顧客の9割は請求書の書式変更に同意したのである。もちろん抵抗した顧客もいたが、粘り強く要請したところ、渋々ながら承諾してもらえた。最後まで理解してもらえなかった顧客はごくわずかだった。

実際に顧客に申し入れをしてみて分かったのは、B社の営業部門が思っていたほど、顧客は請求書の書式や受け渡し方法にこだわっていなかった、ということだ。前任者から引き継いだやり方を、ただ踏襲していたにすぎなかったのだ。

顧客との間の慣例は、変えられないと思い込んでいたら、変わらない。誠意をもって申し入れてみれば、案外容易に変えられるものだ。コロナ禍のもとで、紙の請求書をPDFで代替する動きや電子契約が急速に広がっているのもその一例である。そして、このように顧客接点が電子化されることは、DXの大きなチャンスにもなる。

習慣病③

些細なことまで完璧主義

品質を重んじて成功してきた日本企業は、業務の品質にもこだわりを持っている。しかし、業務に充てられる時間が限られるなか、些細なことにまでそれを貫こうとするのは無理がある。業務で取り扱う案件のなかには、重要なものもあれば、それほど重要でないものもあるからだ。

重要度に濃淡があるのを考えず、どの案件にも同じように全力で取り組むのは効率が悪い（**図2-4上**）。場合によっては作業負荷が高くなりすぎて、限られた時間内で要求される品質を確保できない恐れもある。

特許出願時の事務処理は、重要度の違いによる差を説明するのに分かりやすい例だろう。特許出願は件数の多さを競う世界でもあり、出願内容は玉石混交で重要度のばらつきは非常に大きい。出願ミスが大きな利益喪失につながる重要案件は100件に1件くらい。それ以外の一般案件は、出願ミスがあっても大事には至らない。

こうした案件の重要度の違いを意識していなかった製造業C社では、「出願ミスがあってはならない」という方針のもと、全ての案件について出願書類（クレーム、明細書）を発明者と知財部門でダブルチェックしていた。納期も全案件で同じ。どの特許出願も分け隔てなく全力投球していたわけだ。

しかし、知財部門が出願書類をチェックする負荷はかなり大きかった。一時期に特許出願が重なると十分なチェックをする時間がなく、業務品質が下がるか、納期を守れない恐れがあった。

目的に照らし、重要取引だけを優先処理

従来の業務プロセスの問題は、重要案件に求められるレベルの業務プロセスを、それ以外の案件にもそのまま適用していたことだ。そのため、重要度の低い案件に対しても職位の高い人の工数がかかっていた（習慣病⑦「職位と業務内容のミスマッチ」参照）。出願ミスによる損失と業務プロセスへの投入工数を天秤にかけ、両者のバランスがとれるように業務プロセスを設計し直す必要がある（**図2-4下**）。

そこでC社は、重要案件と通常案件を明確に分け、それぞれに合わせた業務プロセスを検討した。通常案件では従来、出願書類を発明者と知財部門でダブルチェックしていたが、

図2-4　習慣病③些細なことまで完璧主義

■重要案件もそうでない案件も同様に全力投球することで、全体の業務効率と品質が悪くなっている

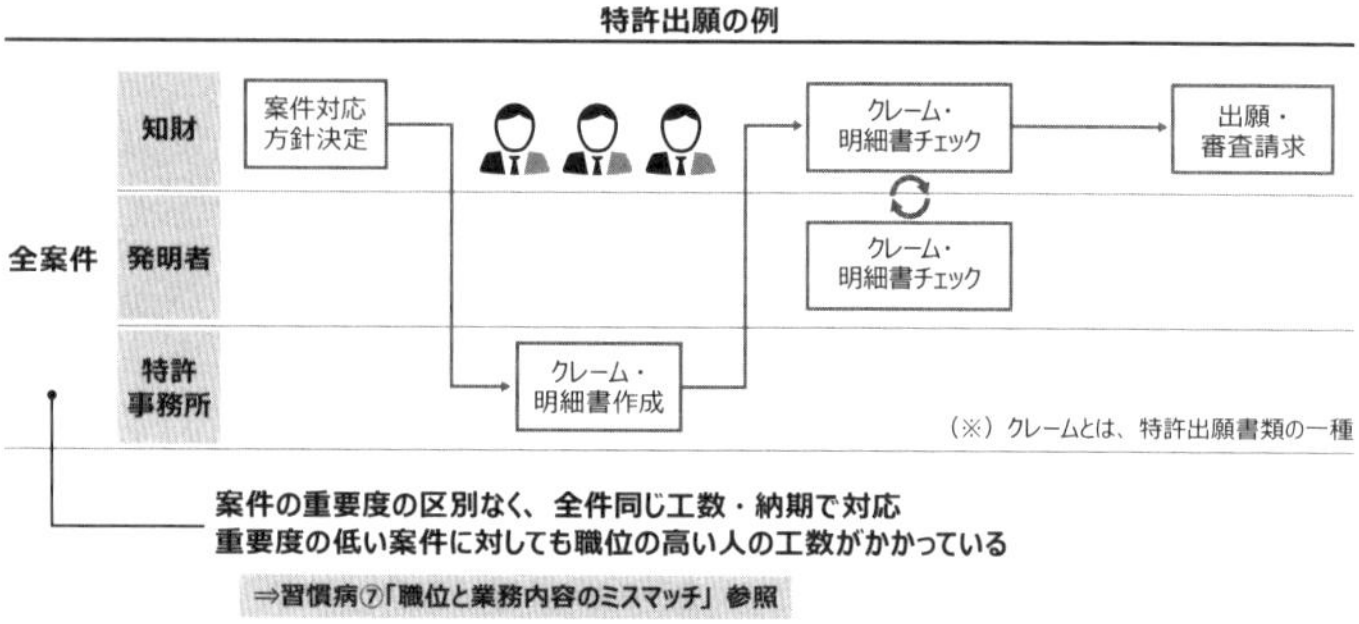

業務の原則　業務に緩急をつけて全体効率・リターンを最大化

■業務の目的を明確にし、重要な業務へ注力することで、業務の効率と品質を共に高めることができる

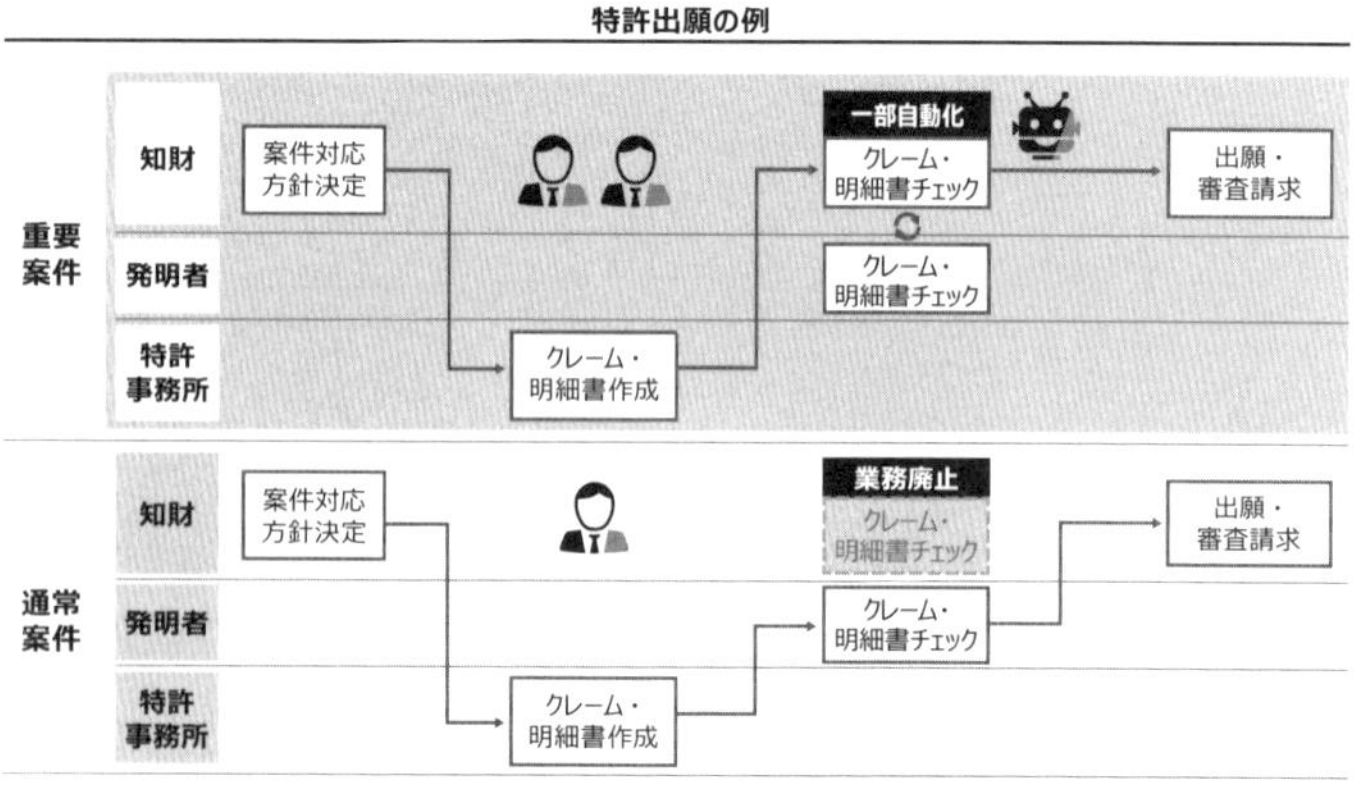

知財部門のチェックを省略して、発明者による確認のみに変更した。一方、重要案件に対する業務プロセスは基本的に従来通りだが、知財部門にRPAを導入して業務の効率化を進めている。例えば出願書類のチェック作業では、ロボットに社内外の特許データベースを検索させ、C社が出願予定の特許技術と類似した案件が既に申請されていないかどうかを確認している。

C社は、全案件に対する完璧主義の対応をやめ、本来の目的・重要度に照らして適正な業務プロセスを再設計し、そのなかにロボットも組み込んだ。新しいチェック体制では、特許出願業務の負荷が大幅に減少している。この成功によって、業務に対する社員の見方も変わった。こうした意識改革と業務プロセス改革、デジタル活用が一体となったC社の事例こそがDXといえる。

日本人は、業務の重要度にメリハリをつけることが苦手である。どの業務も大事であると言いたがる。しかし冷静に考えて、どの業務も重要度が同じであるはずがない。そこはきちんと峻別すべきだ。

重要度を判断するうえで、「その業務の目的は何か」を明確にする必要がある。その業務をなぜやるのか。それが明確であれば、重要度の判断に迷うことはない。

習慣病④

やめられない紙文化

日本企業には紙文化が根強い。海外企業でペーパーレス化が進んでいるのを横目に見ながら、日本企業は間接業務のデジタル化に消極的だったため、ガラパゴス化したような格好である。例えば経費精算では、経理システムとワークフロー・システムがあるにもかかわらず、申請書やレシート、領収書という「紙」がワークフローと一緒について回る（**図2-5上**）。

申請者の上長や経理部門の担当者たちは、これらの「紙」が自席に届けられて、はじめて業務を始める。そして、「紙」の申請書と「紙」の領収書を突き合わせ、承認するかどうかの結果だけをシステムに登録するのだ。ワークフロー・システムがあるのに、最初から最後まで業務の実態は「紙」で進んでおり、昔の業務と比べてあまり変わっていない。

そのほか、紙の顧客台帳をファイリングしていて、それを参照しないと仕事ができない、会議で使う資料は必ず印刷して配布するなど、「紙」への依存度は高い。

日本企業の紙文化は、ＤＸを阻害する最も大きな要因の1つである。あらゆる業務のペーパーレス化は、どんな企業にとっても喫緊の課題になっている。

業務プロセスの上流で「紙」をデジタル化

やっかいな紙文化をなくすには、「紙」に記されている情報を、業務プロセスのできるだけ早い段階でデジタルデータに置き換えるのが原則である（図2-5下）。社外から注文や請求が来る場合なら、顧客や取引先からデジタルデータで受け取れるようになっていると理想的だ。現実にそれが困難な場合には、受け取った時点でＡＩ-ＯＣＲなどで、すぐデジタルデータに置き換えたい。

そうしておけば、業務を進めていくなかで「紙」の受け渡しが不要になる。情報の内容は、全てデジタルデータで確認すればいい。業務フローをデジタルで一本化するのである。この状態であれば、ＲＰＡやＡＩ（人工知能）といったデジタルツールを活用できるようになる。

金融機関Ｄ社では、内部統制上、書類には必ず、内容を承認した担当者が押印するルールになっていた。誰もが内部統制上必要なことであると思い込んでいたため、書類をわざわざ印刷し、そこに押印する、という業務フローに半ばムダを感じながらも、あえて見直

図2-5 習慣病④やめられない紙文化

■紙での運用を捨てきれず受け渡しや照合が必要、紙とデジタルのフローが併存していることで負荷が増大、読めない手書き文字の解読にも時間がかかっている

経費精算の例

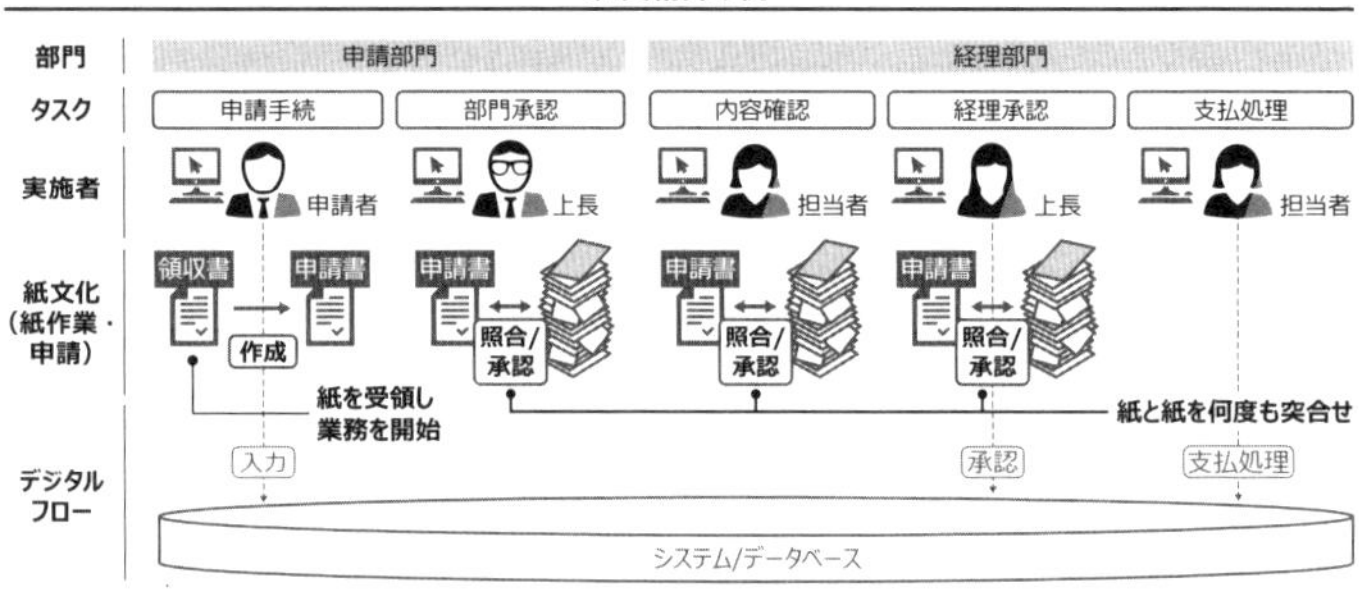

業務の原則　より上流でデジタル化

■なるべく上流の工程で紙をデジタル化し、デジタルオペレーションによるフローの一本化を目指すべき

経費精算の例

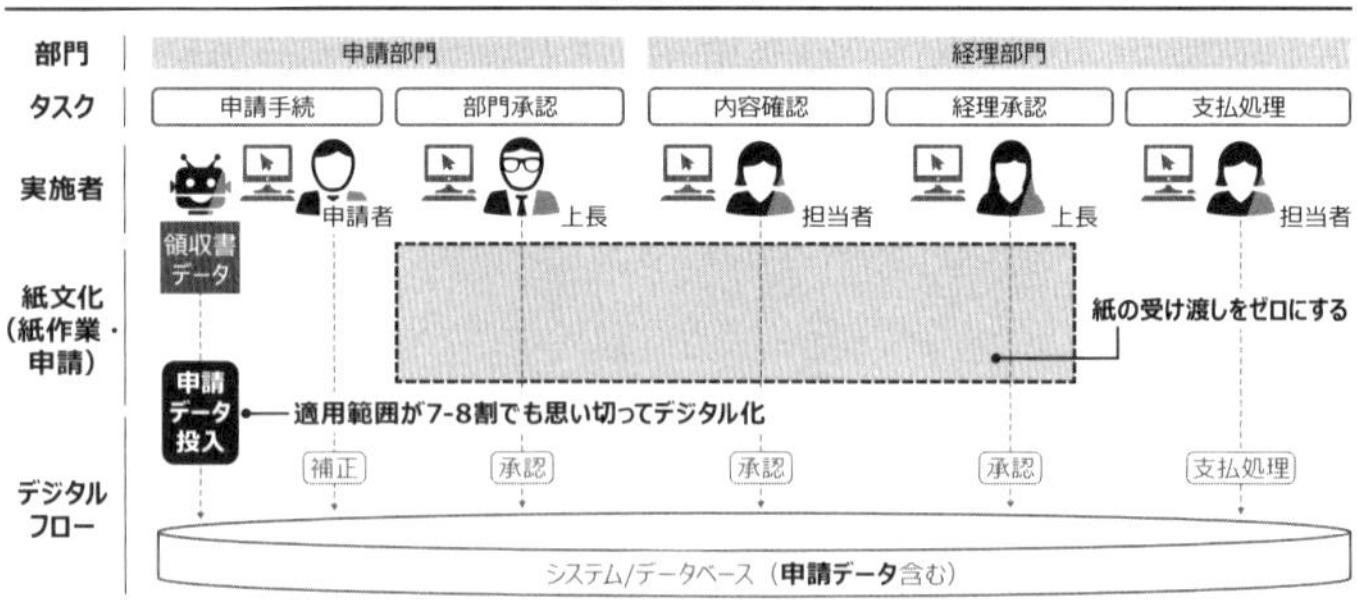

そうとはしなかった。

しかし、内部統制の本質に立ち戻れば、満たすべき要件は次の2点に尽きる。誰がいつ書類の内容を承認したのか記録が残っていることと、それが改ざんできない仕組みになっていることだ。

D社で内部統制ルールを所管するCFO（最高財務責任者）は、この報告を受け、「紙」への押印を求めていたルールの見直しを決めた。

その後、業務プロセスの上流からデジタルデータだけで仕事を回せるようにAI-OCRなどのシステムを整備した。D社は、しっかりと内部統制を利かせながら「紙」をなくし、業務効率を大幅に向上させたのである。まだAI-OCRに完璧な読み取りを期待できないとしても、7、8割読み取れるなら導入の意味がある。不完全な部分を人手で補えば、読み取れた7、8割の分だけ業務を効率化できるからだ。

習慣病⑤

長い・決まらない会議だらけ

日本企業では、ボトムアップ型の合意形成が重視されているためか、とにかく会議が多い（図2-6上）。商社E社で役員から派遣社員までを対象にアンケート調査を実施したところ、会議にかかった時間が勤務時間の35％に上ることが分かった。

長いだけでなく、ムダな会議も多い。会議に出席して「何か情報が得られたか」または「何か発言したか」という2つの軸で会議の内容を評価すると、E社の調査では「情報が得られず、発言もしていない会議」が実に半分を占めることも明らかになった。つまり、出席する会議の数は半分に減らせるのだ。

なぜ、会議ばかりの状況に陥るかといえば、会議の目的を明確にできていないからだ。「とりあえず情報共有をしよう」と、すぐに会議を設定する。さらに、「関係しそうな人たちには、とりあえず出席してもらおう」と、安易に多くの人たちを呼び出す傾向もある。その結果、「情報が得られず、発言もしていない会議」の数が増えてしまうのである。

しかも、1つの会議にかける時間が長い。出席を求められる会議の数が多く、時間も長いとなれば、会議時間の合計が長くなるのは当然だろう。勤務時間の35％を占めていても全く不思議ではない。

忘れてはならないのは、会議とは「目的達成のための手段」という点だ。会議を開くことそのものを目的化しないように気をつける必要がある。会議をなぜ開くのか、その目的を明確にできれば、次の行動につながる会議になる。これが会議の原則である（**図2-6下**）。

集まって話し合う最大の狙いは、化学反応のような新しい価値の創出だ。出席者が多様な価値観をぶつけ合って話し合うからこそ生まれる結論がある。一人で考えていたのではとうていたどり着けない結論にも、話し合いを通じてなら行き着ける。

会議の出席者は、このような結論にたどり着くのに必要な発言・議論を期待できる立場の人だけに絞ってよい。議論の途中経過を把握してもらう必要がなく、結論だけを伝えればいい人には、わざわざ会議に出席を求めるべきではない。

あるべき会議の対極にあるのは、情報共有だけを目的とする会議だ。目的を考えれば、多くはメール連絡で済むはず。関係者が一堂に会する会議を開く必要はない。

ただし、例外はある。化学反応はなくても、対面で話しかけることにより参加者一人ひとりの意識と行動を変える狙いがある場合には、メール連絡より会議を開く方が有効だ。

図2-6　習慣病⑤長い・決まらない会議だらけ

■会議の目的が曖昧で、「とりあえず情報共有する」会議や、「とりあえず呼んでおく」参加者が増え、結論もよくわからない

会議工数のイメージ（面積＝総工数）

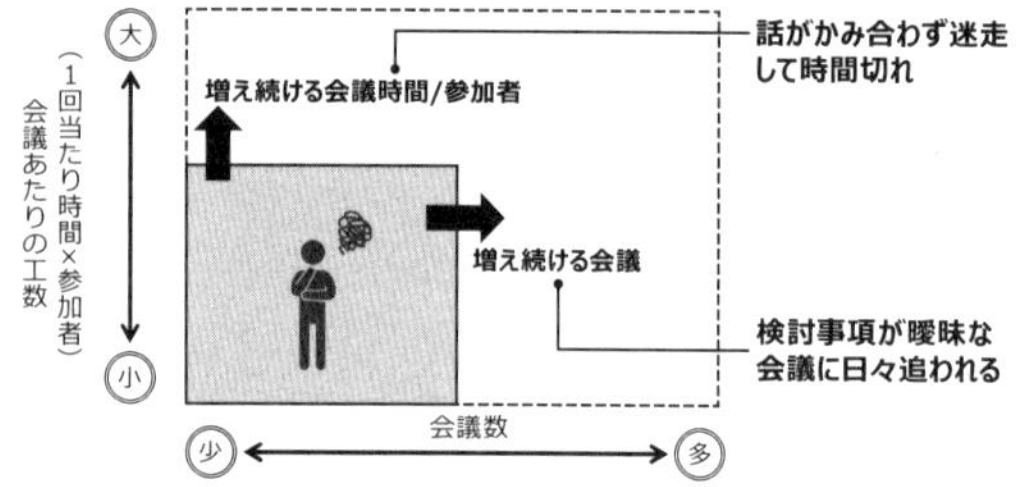

業務の原則　**目的にかなった会議設計・運営**

■会議は目的達成のための手段であり、会議自体を目的化してはならない
■短時間で次の行動に繋げる会議体を目指すべき

会議工数のイメージ（面積＝総工数）

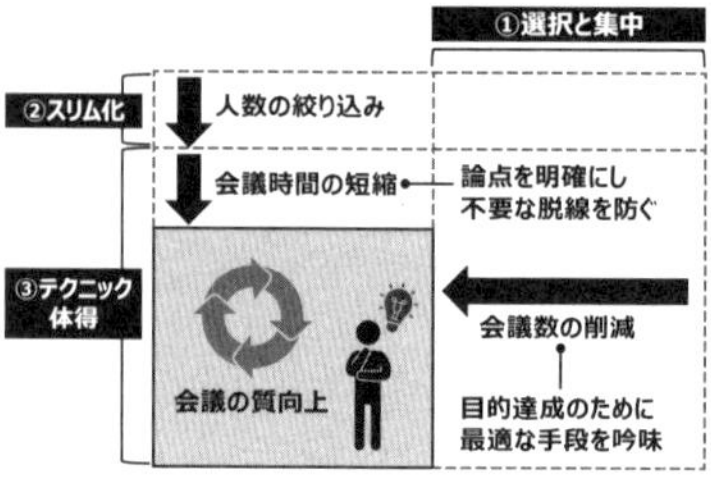

会議分類と見直しのポイント

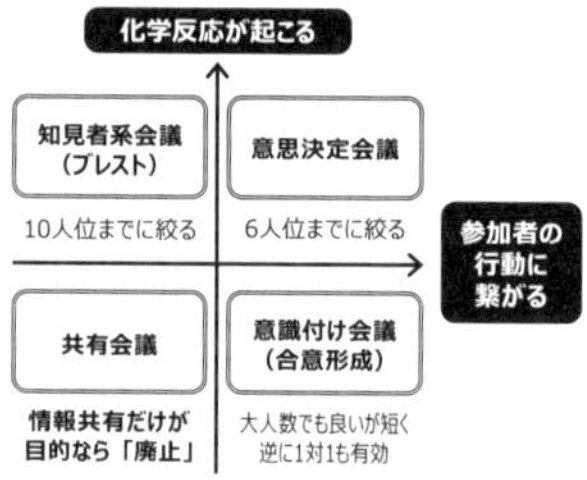

会議時間を半分にしても、8割は「問題なし」

ムダな会議を減らすには、その時間をあらかじめルールとして決めてしまうことも工夫の1つである。商社E社は、1つの会議にかけられる時間を最大25分と決めた。もともと1時間単位の会議が多かったため、まずはそれを半分にしてみた。もし会議の目的や内容からみて25分では短すぎるようなら、その倍の50分に設定することもできる。1単位25分という考え方だ。

会議を始める時刻は、毎時0分か30分に固定した。例えば10時台であれば、始まりは10時ちょうどからと10時半からしか設定できない。10時15分や10時45分から始める会議をなくすことで、会議の時間帯が重ならないように配慮している。

会議の開始時刻は30分刻みで、正味の会議時間は25分。残りの5分は、次の会議に向かうための移動時間や資料に事前に目を通すための時間である。この5分を確保することで次の会議に遅刻する事態を防ぎ、会議出席者全員の時間がムダにならないようにした。

いざこのルールを運用してみると、それまで1時間かけていた会議の8割は25分以内に収まることが分かった。出席者は誰もが25分しかないと意識しているため、会議の場で雑談を持ち掛けるような出席者はいなくなった。

会議のルールはほかにもある。最初に会議のゴールを宣言する、出席者は最小限に絞る、などだ。それらのルールをポスターに列記して会議室の壁に張り出し、意識づけを図っている。いまではE社の文化として根づいている。

昨今のトレンドであるオンライン会議においても、「目的達成のための手段」という会議の原則は同じである。対面でない分、会議そのものの効率が下がってしまう場合があるため、必ず名乗ってから発言し、「以上です」で終わる、など工夫が必要な部分もあるが、ゴールを明確にする、出席者を吟味するなどの方法論は有効だ。オンライン化で会議に関心が集まることを好機と捉え、会議改革に乗りだす企業も多い。

習慣病⑥

組織に合わせた縦割り業務

本章の冒頭でも述べた通り、日本企業では縦割りの現場組織が強い。日本各地に設置した支社や支店もその一例といえる。これらの拠点には地域特性に合わせるための裁量があり、支社や支店がそれぞれの事情に合わせて独自の工夫を凝らしたり、顧客の要求に個別に応えたりできる。

こうした裁量がよい方向に作用すればいいが、拠点間で業務の進め方が次第に異なっていくなどの問題も起こる。例えば月次実績報告の業務プロセスは全国の拠点で同じはずなのに、拠点ごとにデータ集計・分析のやり方が違ったり、営業施策の意思決定者が拠点によって部長だったり課長だったりする（**図2-7上**）。さすがに同じ業務プロセスで最終的な意思決定者の役職が違うとなると、重大な統制不全だ。これらの問題は支社・支店だけのものではなく、本社内の各部門にも当てはまる。

この状態のままでは、例えば業務プロセスを全社一斉に変更したいとき、現場組織ごとにやり方がバラバラで時間と労力がかかる。標準化されていなければ、業務のデジタル化にも大きな支障が出る。

プロセスオーナーが業務を標準化

強すぎる現場組織をしっかりと統制し、業務を効率化するための原則は、組織重視のマネジメントから「プロセス・機能重視」のマネジメントに切り替えることだ（**図2-7下**）。

図2-7　習慣病⑥組織に合わせた縦割り業務

■支店や部門がそれぞれに同じようなデータを集計・加工するなど、プロセスが同様なのに各組織で異なるオペレーションを行っている

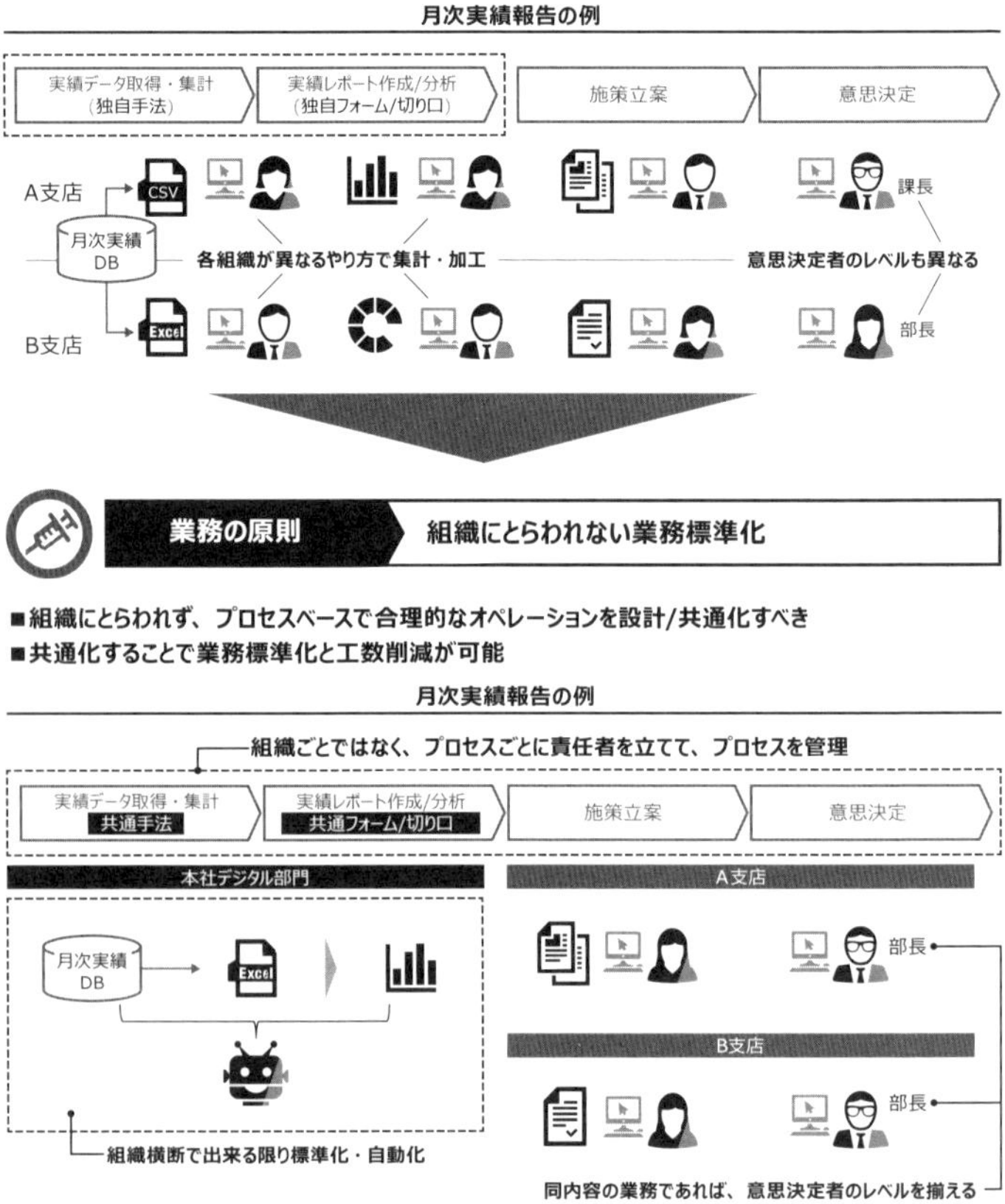

まずは、現場組織の長が組織内の全てを決める構造を見直し、「プロセスオーナー」を社内で任命する。プロセスオーナーは特定の業務プロセスについて、標準化や最適化、自動化の権限と推進責任を持つ。業務プロセスが複数の組織をまたがり、全国の拠点が対象になる場合でも、プロセスオーナーは強力な権限を持って業務プロセスを管理・統制できる。この仕組みがあれば標準化を強力に推し進め、RPAやAIによる業務の自動化をしやすくなる。

プロセスオーナーの仕組みを取り入れた事例として、消費財メーカーF社を紹介する。同社は、日本全国に広がる営業拠点に数千人の営業担当者を抱える。同社には足で稼ぐ営業をよしとする文化が根づき、データ活用や社内業務のシステム化は二の次だった。営業報告はほぼ手書きで、報告書のバリエーションは拠点全体で数千に及ぶという混沌とした状況だった。

F社は問題解決のため、営業統括部門の責任者を「販売戦略・実績管理のプロセスオーナー」に任命した。全国営業拠点の販売戦略・実績管理業務に統制を利かせ、業務プロセスを効率化するためである。

プロセスオーナーとなった営業統括部門の責任者は、まず全国の営業拠点を回り、本社の改革方針と業務の標準化の意義を伝えながら強力に改革を推進した。足で稼ぐ営業からデータを活用する営業スタイルへと舵を切り、全国営業拠点の実績管理業務を順次標準化・自動化していった。営業報告書のバリエーションは、以前の数千パターンから数十パターンにまで削減している。

そのうえで、プロセスオーナーは実績管理業務の多くを本社に移管し、本社で集中処理するように業務プロセスを変更した。集中処理のスケールメリットは非常に大きく、F社は全国の営業拠点で実績管理業務に従事する社員を半分にまで減らすことができた。

習慣病⑦ 職位と業務内容のミスマッチ

日本企業には、管理職であるにもかかわらず、多くの事務処理をこなしている人が少なくない。率直に言って、「その事務処理は本当にあなた（管理職）の仕事なのですか」と問いたくなる。本来、高度な判断業務や戦略・企画業務こそ管理職の役割なので、職位と業務内容のミスマッチが起きている（図2-8上）。管理職が本来遂行すべき仕事の時間が奪われているわけだから、生産性は低い。

このような問題は、管理職だけでなく、一般職と派遣社員の間でも起こっている。これまで様々な業務改革プロジェクトを支援してきた経験からいって、社員の担当業務の半分は職位に見合っていないようにみえる。

なぜ、そうなってしまうのか。原因の1つは、業務が人と密接に結びついているからだ。日本企業では、職位が1つ下の時に担当していた業務を、そのまま抱えて昇格することが多い。本来なら部下に任せるべきところだが、様々な理由からそれをしない。例えば、もともと担当していた業務だから自分でやるのが一番早い、属人化していてその人しか実行できなくなっている、自分の存在価値がなくなりそうだから手放さない、などの理由が挙げられる。管理職の職務が明確に定義されていないため、その人がやり続けることを自分も周囲も疑問に思わない、という場合もあるだろう。

業務の担い手を最適化し、単純作業はロボットに任せる

では、職位と業務内容のミスマッチは、どう是正していけばいいか。その原則は、「業務の担い手」の最適化だ（**図2-8下**）。職位が上位の者から「部下でもできる仕事」や「単

図2-8　習慣病⑦職位と業務内容のミスマッチ

■単純作業や判断を伴わない業務に、高い職位の人財が時間を割いている

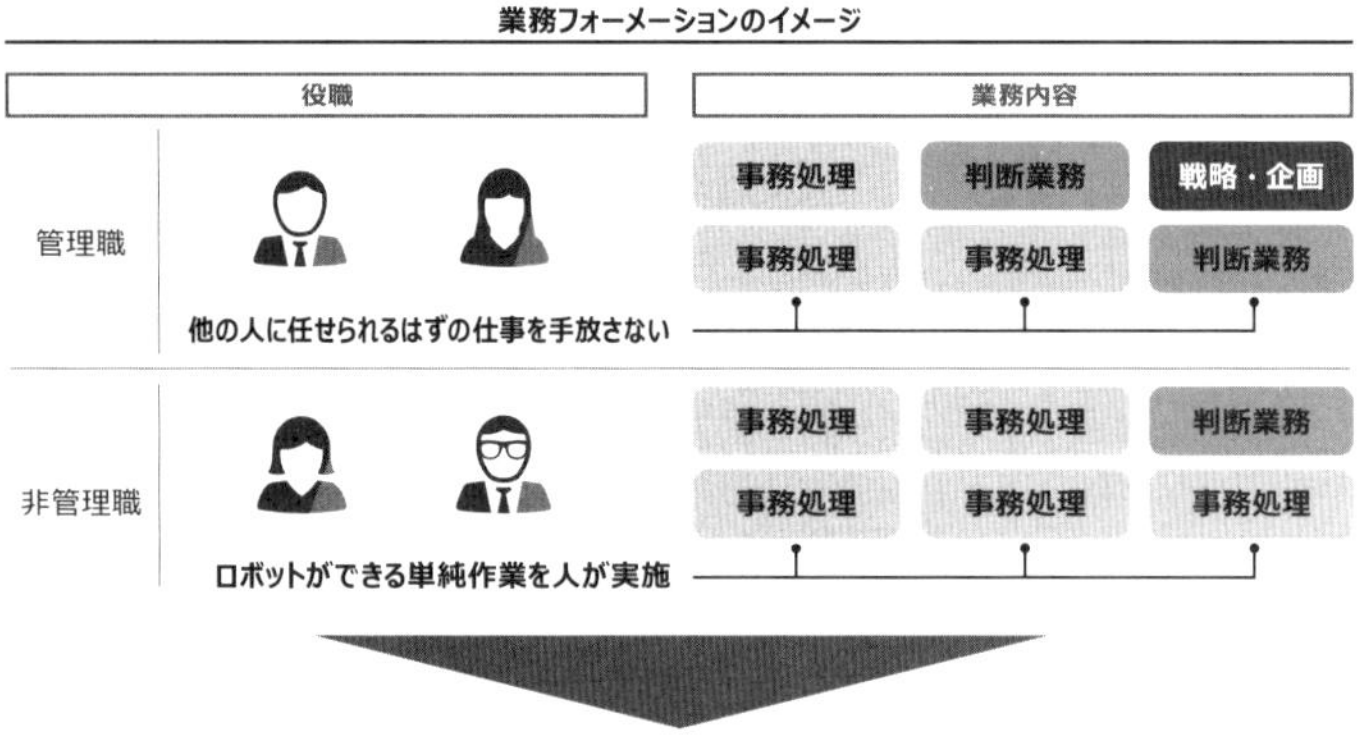

業務の原則　業務の担い手の最適化

■デジタルを組み合わせた業務フォーメーションへ変革することで、人を単純業務から解放し、職位に合った判断業務や、より高度な業務へ再配置すべき

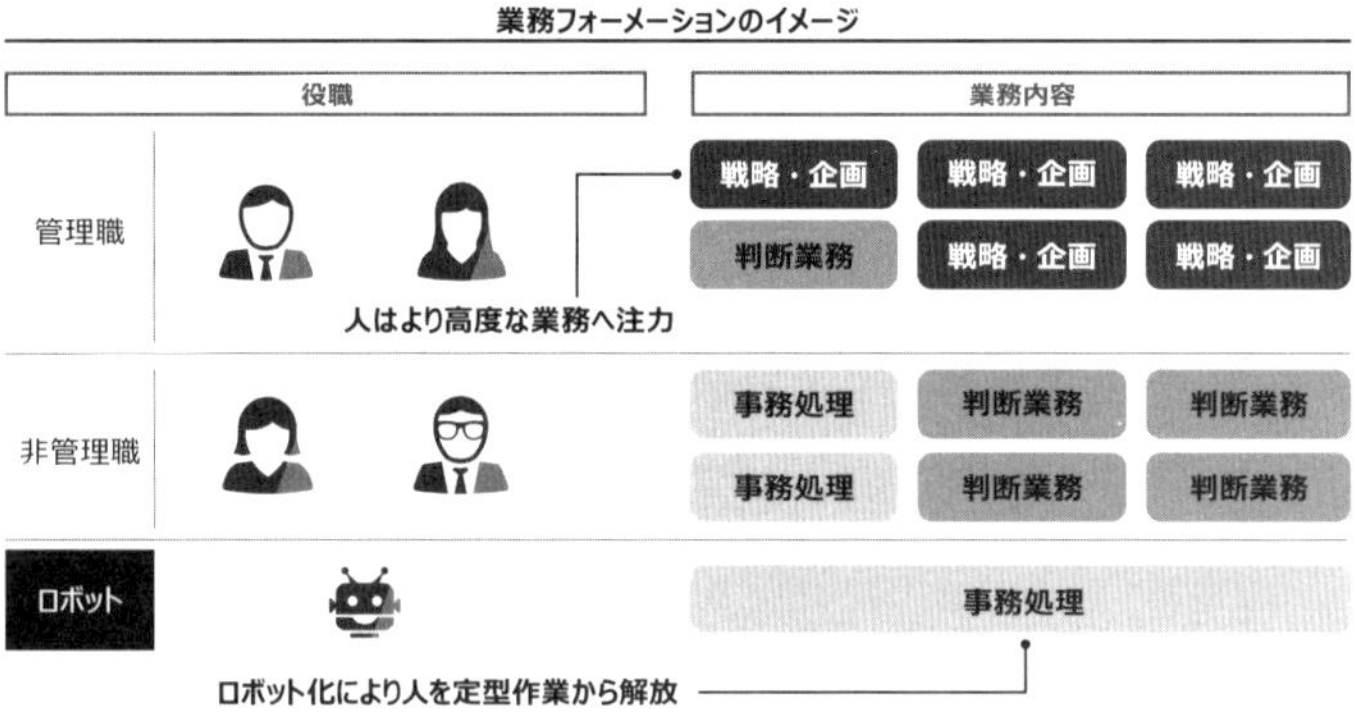

純作業」を切り離し、適切な担い手に割り当て直していく。上位者に余力ができたら、より高度な業務を戦略的に割り当てていくとよいだろう。

まず必要になるのは、業務の棚卸しである。それによって、どのような業務が発生しているのか、業務を見える化する。そのうえで、一つひとつの業務をどの職位が担当すべきなのか、改めて整理する。同時に、RPAなどのデジタルツールを活用できそうな定型作業を探し出し、自動化を検討する。これからは、デジタルツールも業務の担い手の一員として考えてほしい。

それを終えたら、人とデジタル（ロボット）を組み合わせた業務遂行のフォーメーションが決まる。

商社のG社が業務のスリム化と担い手の最適化に取り組むようになったのは、業務にかかっている時間を半分に減らし、空いた時間で新しいビジネスの創出などに取り組もう、という狙いからだ。既存の業務で手一杯になってしまっている状況に、G社は危機感を覚えていた。

まずは業務の棚卸し。事業部長クラスの業務から見直し、そのスリム化を図る一方で、職位に見合わない業務はロボット化の対象にしたり、より低い職位の担当に割り当てたりしていった。

社員には自分ごととして「担い手の最適化」に取り組んでもらいたかったので、G社は事業部門ごとにワークショップを開いた。参加者自身の担当業務を今後どうすべきか、誰かに決めてもらうのではなく、自らの提案によって変えられることを伝え、一人ひとりの意識改革を図っている。また、事業部門ごとに業務のスリム化と担い手の最適化による成果を発表してもらい、一定の成果を上げた事業部門を会社として評価する仕組みを取り入れた。

G社が業務のスリム化と担い手の最適化に着手してから1年余り。目標の5割削減に対し、いまは2割を超えるところまで進捗している。

第3章

「組織・人」の習慣病

全社戦略と連動した組織・人事制度改革が急務

図3-1 組織・人の習慣病

8	人財戦略なき人事制度
9	パッチワークの人事制度
10	全社視点なき足し算経営
11	組織間の壁を生むピラミッド構造
12	世間知らずの職人集団
13	事なかれ人事評価
14	自分で考えない指示待ち人財

日本企業は、終身雇用や年功序列に象徴されるように、人に手厚くしてきたようにも見えるが、ヒト・モノ・カネという3つの経営資源のうち、実はヒトを軽んじてきたのではないだろうか。将来の人数確保のための囲い込みしか考えず、「事業環境の変化を見据えてこれからの組織や人のあるべき姿をどう描くか」、「その未来像のなかで一人ひとりの能力を経営にどう生かすか」という人事戦略を立案・実行してこなかった。未来像のないまま組織や人事制度が設計・運用され、社内に浸透・定着した結果が「組織・人」の習慣病となり、DX（デジタル・トランスフォーメーション）を妨げている（図3-1）。

いまこそ、この組織・人の習慣病に切り込まなければならない。一人ひとりの発想や行動に強く作用し、第2章で述べた業務の習慣病の原因にもなっているからだ。

また、DXにはデジタル人財や改革人財が欠かせないが、組織・人の習慣病を放置したままでは、こうした新しいタイプの人財の育成・確保は極めて困難だ。

高度経済成長期の、売上高が右肩上がりだった時代には、確かに社員の囲い込み策が必要だった。市場が拡大するなかで事業成長を図るには、何より人財の「量」が必要だったからだ。そして囲い込む人財には、企業風土と事業戦略を維持する前提で、チームの輪を重んじる同質性を求めた。

1990年代に入り、バブル経済が崩壊して事業環境が一変すると、日本企業は人事制度の見直しを推進した。成果主義、MBO（目標管理制度）が多くの企業で採用され、フレックスタイム制やノー残業デーなども導入され始めた。

しかし、そうした制度変更は必ずしも経営戦略に基づいたものではなく、短期的な総人件費抑制の意図があったり、「他社が導入したから」といった横並び意識があったりと、目の前の問題解決のために部分的な見直しを重ねる「パッチワーク対応」といえる。

第1章でも述べたように、バブル崩壊後の環境変化は、第4次産業革命に当たる構造的で不可逆的な変化であり、本来は「パッチワーク対応」ではない抜本的な改革が必要だった。だが、多くの企業は、それに乗り出さないまま現在に至っている。今後、グローバル市場での競争はますます激化し、ビジネスの変化は加速する。いまこそ、経営戦略と連動した「人財戦略」を策定・遂行し、必要となる人財を計画的に育成していかなければならない。それには人事部門の役割を、単なる人事評価・異動の「管理者」から「事業戦略のビジネスパートナー」へと移行させる必要がある。

人財戦略にまず求められるのは、未来定義に基づく「人財像」の設定だ。将来の市場を予測し、顧客や競合の姿を描いたうえで、必要な人財像、どのような能力・スキルを保有し、どのような思考・行動様式を持つか、を明快にしなければならない。

業種や規模によらずに共通するのは、「尖った人財」が必要になるという点だ。かつて求められた同質な人財ではなく、むしろ、顧客のニーズを先取りし、市場をつくり出せる人財、デジタルツールを活用して業務の進め方を根本から変革できる人財が必要になる。

次に、人財像を描くだけでなく、いつ、どのような構成で必要になるのか、「人財ポートフォリオ」の管理が重要だ。例えば、ビジネスモデルを「モノ売り」から「コト売り」に変える、海外での事業比率を50％以上に高める、といった戦略を採るのであれば、戦略遂行に必要な人財構成とその推移を計画し、実現のための人事施策を打つ必要があるからだ。

最後に、これからの人財戦略には俊敏さが必要だ。予測不能な「VUCA（不安定、不確実、複雑、曖昧）」の時代といわれるいま、経営戦略を、柔軟に、かつてないほど頻繁に見直すことが避けられない。それに連動して人財像やポートフォリオも見直し、人事施策を素早く打っていかなければならない。これまで人事は、過去からの継続性を重視してきたが、経営戦略がいわゆる「アジャイル化」していくのであれば、人財戦略もアジャイル化するべきなのだ。

人事部門が、こうした人財戦略を保持し、人財戦略に基づく人事施策を遂行すること、すなわち人事制度の「管理者」から脱し、事業戦略を支えるパートナーとなることは、ＤＸ推進の基盤となる改革だ。

組織・人の習慣病は、デジタル時代の組織に欠かせない柔軟な発想や臨機応変な行動を妨げている。習慣病を克服し、組織の壁が取り払われ、人の行動に変化が生まれるようになれば、デジタル人財や改革人財も生まれ育っていくはずだ。そしてこれらの人財は、デジタル時代の組織へのさらなる変革を促し、ＤＸを推し進めていく。

では、「組織・人」の習慣病にどのように向き合い、ＤＸの推進に向けた新しい組織像・人財像を描いていけばいいのか――。以下、７つの習慣病について、それぞれの問題点と改革ポイントをみていこう。

習慣病⑧

人財戦略なき人事制度

企業にとって人は貴重な資源であるにもかかわらず、これまで経営が最も関心を示してきたのは人財の「量」の確保だ。「質」の確保にまで経営がコミットすることはなかった。いまは経営戦略を大きく見直さざるを得ない時代に変わったが、その実行に欠かせない人財のことは人事部門に「丸投げ」のままである。

一方、人事部門は過去から受け継いできた人事制度を運用し、社員を管理することに徹してきた。経営戦略を理解し、将来の事業構成や年齢構成を見通し、起こりかねない問題への解決策を先手を打って探るようなことはなかった。結果として、経営戦略と人事制度の連動は「量」の一点に絞られ、経営戦略が変化しても人事制度は変化せず、時間の経過とともにその乖離が大きくなっている。

経営戦略と人事制度の乖離を生む最大の原因は、戦略の実行に欠かせない人財像を明確に描き、人事制度の基本方針を規定する「人財戦略」が確立されていないことだ（図3-2上）。

例えば、国内外の売上高比率を、いまの7対3から5年後に3対7へ逆転させていこう、という戦略を策定した場合、海外で戦える人財を充実させていかなければならない。採用や教育の基準を変える必要があるし、若年層に海外経験を積ませる配置政策も検討すべきだろう。現地の人財を登用する仕組みも整備しなければならない。ビジネスモデルを「モノ売り」から「コト売り」へと転換したい会社なら、営業スタイルは自ずと違ってくる。「ソリューション」を売るのであれば、顧客のビジネスを理解して自ら課題を見つけ出し、解決策を提案していく必要がある。営業担当者の能力要件は大きく変わるはずだ。

しかし、多くの場合、その人財像は漠然としたまま定義されず、人財が必要な時期や数（ポートフォリオ）も検討されない。当然、採用・育成に向けた具体策にも反映されない。人事制度が、戦略に必要な人財を確保・育成する仕組みにはなっていないのだ。将来の人財像と人財ポートフォリオを基軸とする人財戦略に依拠するのではなく、人財の同質性と量的確保にこだわった古い人事制度を踏襲しているにすぎず、それが習慣化している。これでは、DXを推進できる人財はいつまでたっても確保・育成できない。

経営戦略に基づき、思い切った人事施策を断行

改革のポイントは、足元の課題や現場の意見に左右されるのではなく、経営戦略に基づいて将来のあるべき人財像・人財ポートフォリオをまず描くことだ（図3-2下）。戦略が変われば、自ずと人財像・人財ポートフォリオも変わる。そして、将来必要になる人財を、いつ、どの程度確保するのか、計画的に考えなければならない。

先ほどの例のように、「モノ売り」から「コト売り」への転換を図ろうとしても、誰もがすぐにソリューション営業に対応できるとは限らない。担当者の一部に配置転換を命じる一方で、適任者を新規で採用する必要にも迫られる。求められる能力要件が異なるため、採用の考え方や研修の仕組みは見直さざるを得ない。給与体系の見直しも必要だ。

人財ポートフォリオを見直した事例として、製造業A社の取り組みを紹介する。A社は、大きく4つの事業を展開していた。その成長度合いは当然、事業によって異なる。経営の観点でいえば、ほかの事業から人財を引き上げてでも、将来最も伸びる事業に人財を投入したい。

しかし人事部門は、各事業の将来展開と関連づけて、必要となる人財の質と量を特定できなかった。要員計画はあるものの、それは各事業部門からの要望をまとめただけにすぎ

図3-2 習慣病⑧ 人財戦略なき人事制度

■経営戦略を支える「将来の人財像・人財ポートフォリオ」が描けておらず、経営戦略と無関係な人事制度となっている

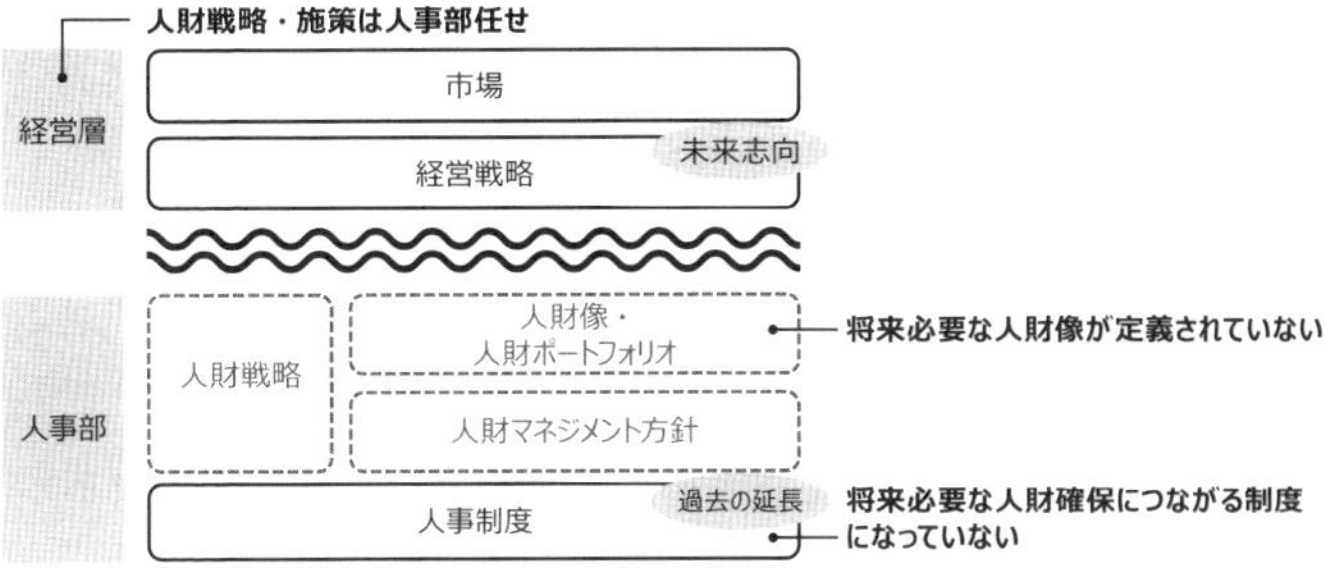

組織・人の原則　経営戦略に基づく人財戦略・人事制度

■経営戦略に基づく、人財像・人財ポートフォリオと人財マネジメント方針を描き、それに即した人事制度を構築すべき

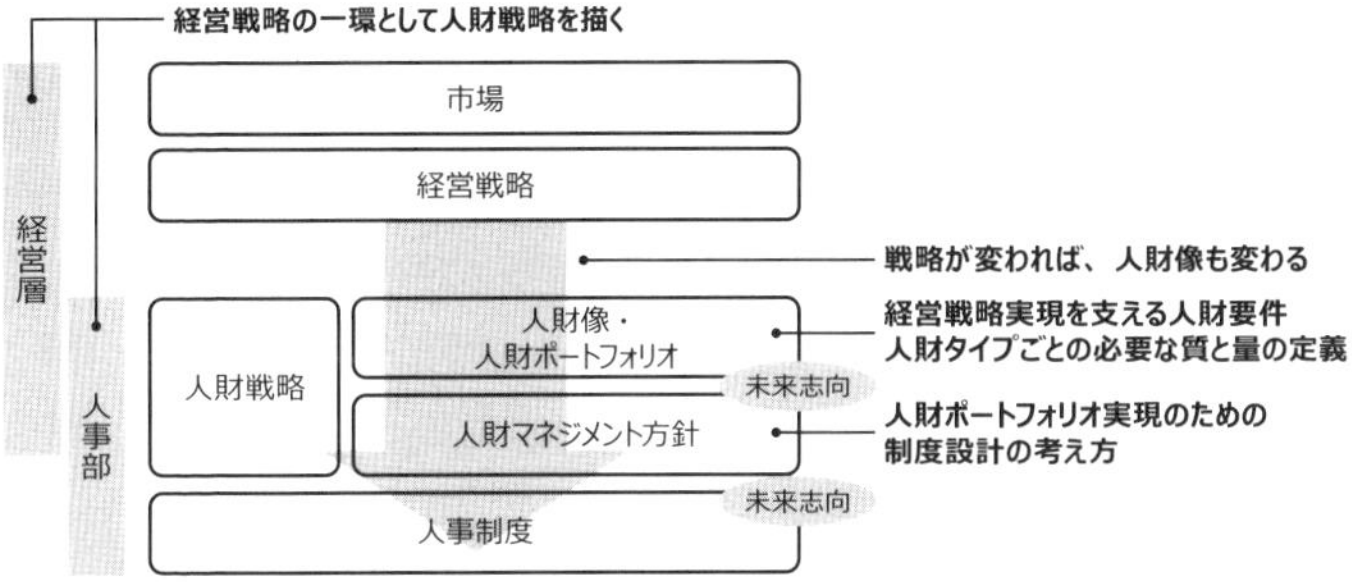

ず、人事部門は主体的に関与していなかった。つまり、経営戦略と人事施策は完全に乖離していたといえる。

そこで人事部門は、事業戦略に照らして、将来のあるべき事業ポートフォリオから将来のあるべき人財ポートフォリオを割り出し、事業部門間で人財を大胆に異動させる要員計画を策定した。この要員計画に経営層もコミットし、将来に向けた事業戦略の実現のために、現在は余剰感がない事業部門からも、反対意見を押し切って、人財が不足する成長事業部門への再配置を断行した。

A社はこうして、事業戦略と連動した人事施策の運用を実現した。事業戦略は今後、環境変化に合わせて柔軟に見直さざるを得なくなる。その戦略と整合した人財戦略（人財像と人財ポートフォリオ）、それに基づく施策の基本方針を、人事部門は常に保持しつづけることが重要だ。

DXに必要なデジタル人財、改革人財についても、この人財戦略のなかに位置づけられるはずだ。また、DXの進展に伴い、人の役割や働き方が大きく変化し、能力・スキル要件にも大きな影響が出ると考えられるが、これも人財戦略のなかの施策に反映していかなければ、一人ひとりの能力・スキル転換に結びつかない。DXはいまや、経営戦略（企業戦略・事業戦略・機能戦略）の重要な構成要素となっている。DX実現のためにも、戦略と整合した人財戦略は欠かせないのである。

習慣病⑨ パッチワークの人事制度

人事制度には大きく5つの領域がある。採用、配置、評価、育成、代謝である。習慣病⑧「人財戦略なき人事制度」でも指摘したように、これらは本来、その企業が思い描く将来の人財像を確保・育成するための一貫した仕組みであるべきだ。しかしこれまでは、人財戦略（人財像・ポートフォリオ）が描けていなかったため、人事部門は5つの領域のどれかに課題が生じるたび、パッチワークのように個別対応してきた（**図3-3上**）。

典型例は、本章の冒頭でも触れた成果主義の導入である。日本では1990年代、多くの企業が成果主義に舵を切った。その意図は本来、「成果にもっとコミットする組織・人にしたい」というものだったはずだ。ところが実際は、賞与の成果連動比を上げるなど、評価・報酬の仕組みを変えただけだったため、結果として報酬に若干の差をつけただけで終わってしまった。本来の狙い通りに運用するのであれば、採用、配置、育成、代謝といったほかの領域にも目を向け、それらの仕組みも一貫して改めるべきだった。

日本の大手企業では、人事部門内がこの5つのチームに分かれ、それぞれが担当領域しか扱わないという縦割り構造になっているところもある。各チームは役割を果たしているものの、縦割りによって連携や一貫性が損なわれているわけだ。

人財マネジメント方針のもとで一貫した人事制度を設計

いま求められるのは、人事担当役員の責任のもと、将来あるべき人財マネジメント方針（人財像、人財ポートフォリオに基づく人事制度設計の基本方針）を定めたうえで、採用、配置、評価、育成、代謝の仕組みを相互に連携させていくことだ（**図3-3下**）。人財マネジメント方針を軸に一貫性を持つ人事制度を設計・運用する――。それこそが、パッチワークのような個別対応の人事制度を脱することにつながり、将来に必要となるデジタル人財や改革人財の確保・育成を可能にする。

以下に紹介するのは、そうした改革を成功させたサービス業B社の例である。事業環境の変化により既存事業の衰退が確実だったため、新規の成長ビジネスを生み出す必要に迫

図3-3 習慣病⑨ パッチワークの人事制度

■個々の問題を、個別に手直ししてきたため、採用・配置・評価・育成・代謝の人事制度に一貫性がない

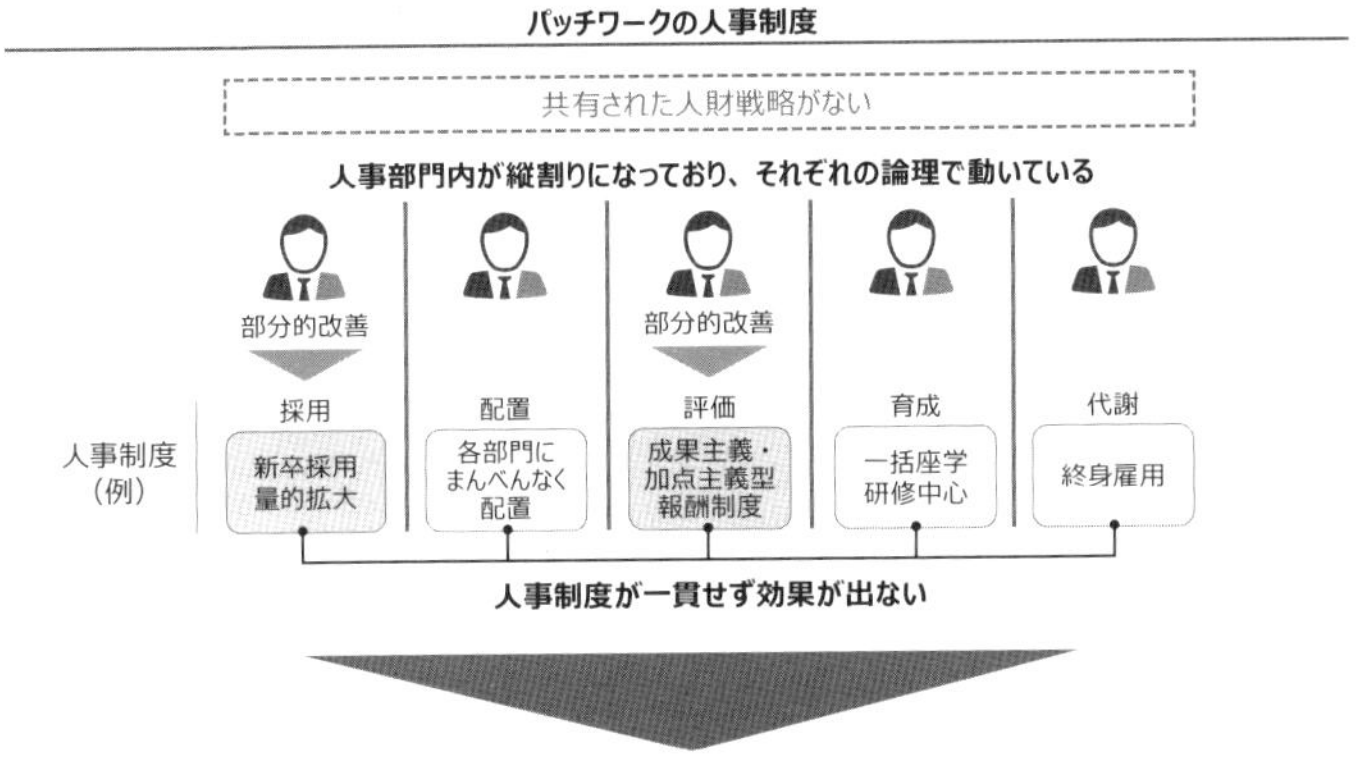

組織・人の原則　**一貫性のある人事制度設計**

■人財戦略を拠り所に、採用・配置・評価・育成・代謝の各制度の整合性を取るべき

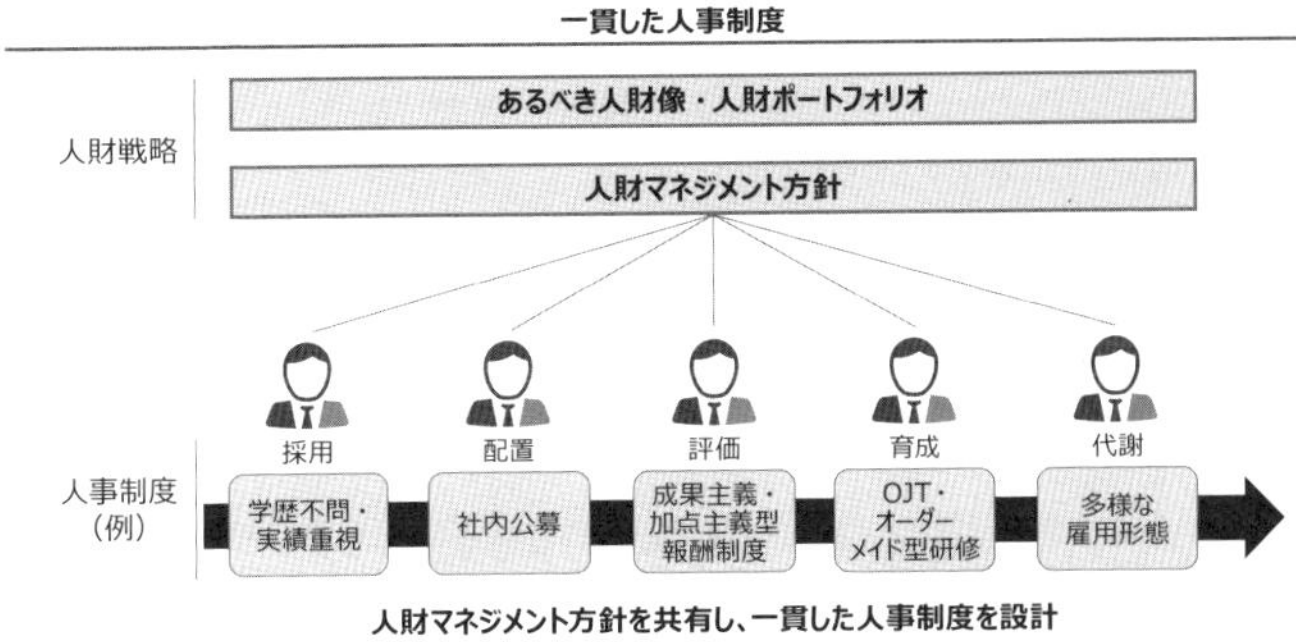

られていたが、なかなか結実しないでいた。B社は、社員の思考や行動から変革が必要であると判断し、人財マネジメント方針の見直しと人事制度の改革に踏み切った。

そこでまず打ち出したのは、「チャレンジ型の人財・組織に変えていく」というマネジメント方針だ。「チャレンジ型」の人財像・組織像を具体的に定義したうえで、それを実現するために必要な採用、配置、評価、育成、代謝の仕組みを一体として構築することを目指した。

採用はそれまで、新卒採用のみで、前年が300人だったから今年は250人といった前年との比較による総数の検討しかしてこなかった。その考え方を大幅に見直し、「チャレンジ型の組織」をつくるために、どういう人財をどの程度採用すべきか検討し、中途採用や第二新卒、10月入社も選択肢に加え、母集団形成や採用プロセス、採用基準も見直した。

配置については、多様な業務を経験しながら自身の適性を見極められるようにローテーション機会を大幅に増やし、公募制も導入した。

評価では、成果を軸に「ハイチャレンジ・ハイリターン型」の人事評価を取り入れている。各自が高い目標を掲げ、達成できた人には高い評価と手厚い報償を与える一方で、できなかった人はそれ相応の評価にとどめるメリハリの利いた仕組みだ。ただし、結果だけを評価するのではなく、チャレンジしたかどうかも重視している。

育成は、単線型のキャリアパスから複線型のキャリアパスに転換し、意欲の高い人は自ら選択・挑戦できる制度を整えた。教育体系も一律のカリキュラムから、キャリアパスに応じて自主的に選ぶ形態を中心にしている。

代謝については、どうしても活躍が難しい場合、社外に次のキャリアを求めるという選択もあり得ることから、早期退職制度を拡充し、キャリアチェンジを支援することとした。

これらは全て、自社をチャレンジできる人財の集団、チャレンジ型の組織につくり替えるという目標のもとに相互に矛盾しないように整えられた。

DXにより、ビジネスや業務のデジタル化が進展すると、求められる人財要件が変わってくるし、大規模な組織再編が必要になる場合もある。DXに人事制度改革を伴う場合は、このように、一貫性を保つことが重要である。

習慣病⑩

全社視点なき足し算経営

日本企業では伝統的に現場組織が強い。事業部門が大きな権限と責任を持ち、予算や人財も握っている。これは「成長」が唯一の目標だった時代の名残である。事業部門に迅速に資源投入することがなにより重要であり、あとは現場に任せていれば事業は成長したのである。

いま、この弊害が顕在化しつつある。例えば、成長事業に人財を配置しようとしても、既存の事業部門が人財を抱え込んで手放すのを拒むため、なかなか実現しないという話はよく耳にする。各事業部門の独立性が強く、全社視点を欠いた部分最適な思考に陥りやすいのだ。

その原因は、経営層にある。経営層が全社戦略を推進しようとせず、現状の資源配分規模を基に事業部門ごとの成長目標を設定し、その達成度をモニタリングするだけ、という、成長時代の経営を行っているためだ。したがって、事業部門もそれぞれ個別に目標達成に向けて努力を重ねるだけ。まるで会社経営は各事業部門の単純な足し算で成り立っているかのようだ（図3-4上）。

これでは、VUCAの時代に組織全体として俊敏に動けない。全社戦略のもと、自社で持つ経営資源を最大限に活用しながら時代を乗り切らなければならないにもかかわらず、個別組織の壁が妨げになって必要な資源の集中投入が困難になっている。事業のデジタル化やデジタルを活用した新規事業が頓挫する原因の1つは、既存の事業部門の抵抗により必要な資源の投入が中途半端になることだ。

全社戦略に沿って各事業部門の目標と資源配分を最適化

必要なのは、現場組織側に大きく傾いたパワーバランスを是正し、全社視点に基づく目標設定と資源配分を行うことである（図3-4下）。

まず全社視点の目標を設定し、それに基づき各事業部門のミッションを定める。各事業部門の目標は、それぞれのミッションに基づいて定めるべきで、従来のような一律の成長を求めるべきではない。特に新規事業であれば、先行投資段階では赤字目標も許容すべきだ。そのうえで、予算と人という経営資源を、各事業部門の目標に応じて再配分する。これで全社最適化した資源配分が完了する。

図3-4 習慣病⑩ 全社視点なき足し算経営

■全社視点での資源配分が行われず、各事業部の現状の資源配分を前提とした目標と結果の管理になっている

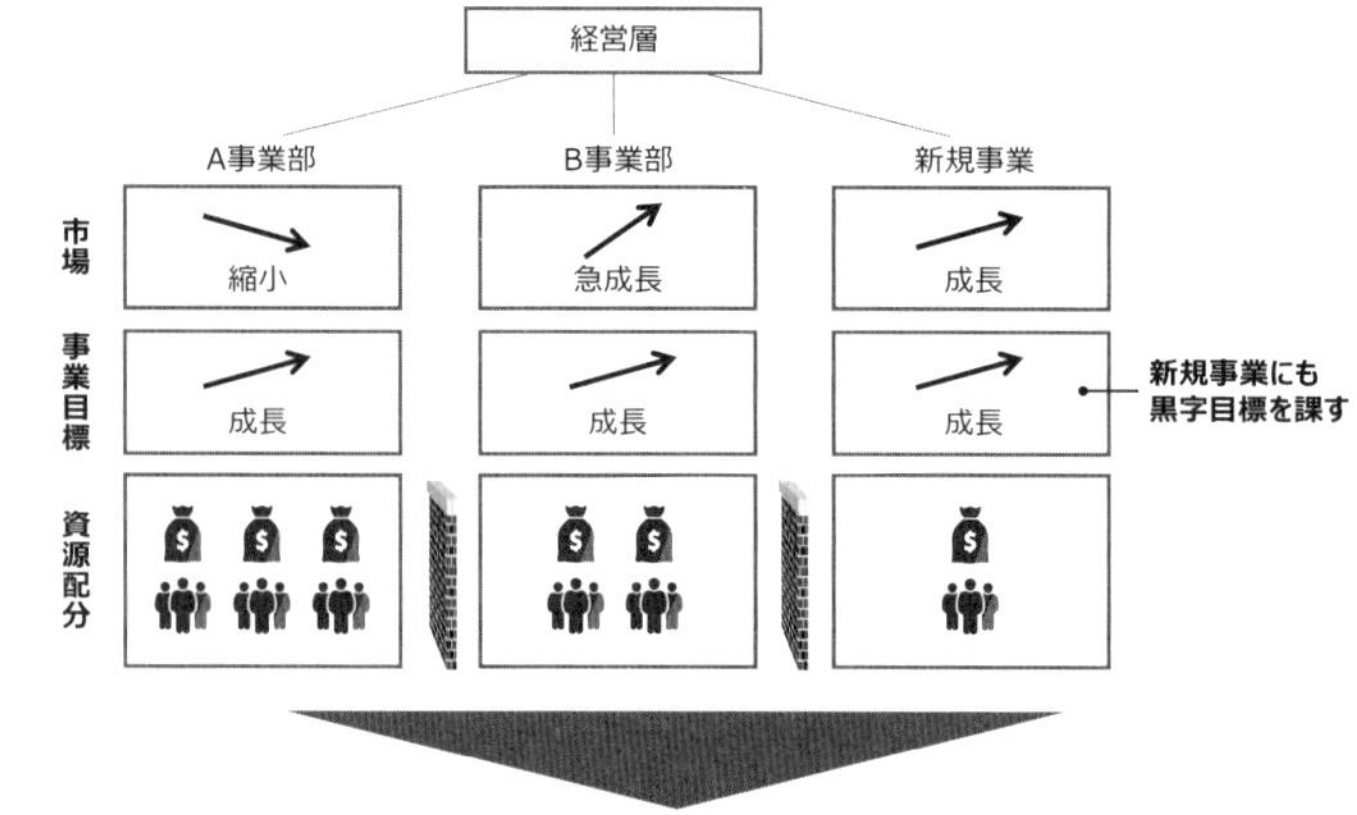

組織・人の原則 全社視点に基づく目標設定と資源配分

■全社経営戦略から組織単位のミッションを決定し、それに応じて目標設定と資源配分をすべき

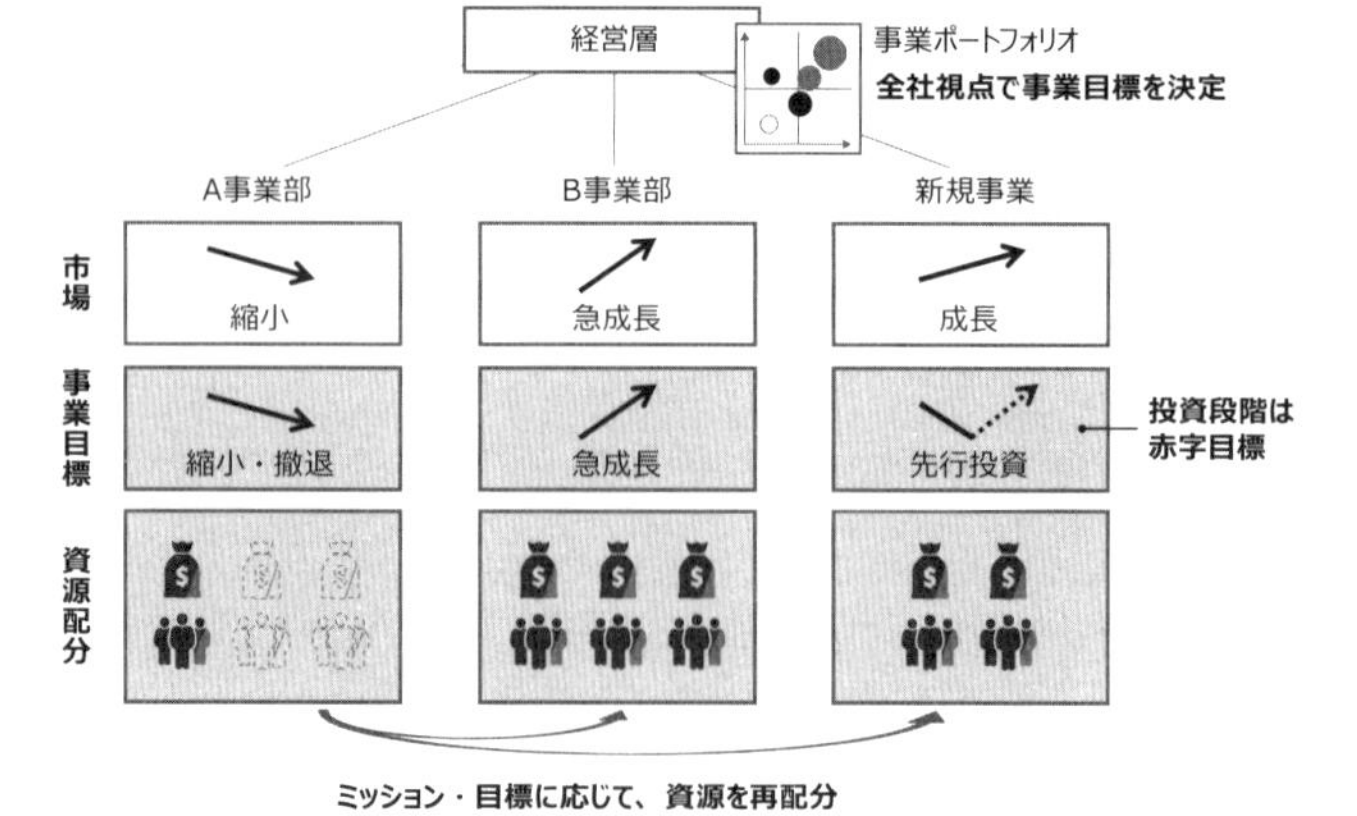

人財を全社方針のもとで再配置する仕組みを整えた例として、製造業C社のケースを紹介したい。この会社では、部門間の異動を、経営トップがその是非を判断することによって可能にした。人財を引き抜かれる側の部門の意見を聞き、協議は受け入れるものの、そこで調整がつかない場合には経営トップが最終判断を下す仕組みを取り入れたのである。

こうした場合、引き抜かれた部門側のミッションも合わせて変える必要がある。そうしなければ、より少ない人員で同じミッションを果たさなければならなくなるからだ。

興味深いのは、サービス業D社の例だ。この会社では社運を賭けた新規事業を立ち上げるために、既存の事業部門から新規事業へ、数十人規模の人財を引き抜く計画を立てていた。同時に、既存の事業部門が多数の人財を引き抜かれることに対して異を唱えないよう、経営層は既存の事業部門に与えるミッションを見直した。引き抜く人財数に応じて、目標を引き下げたのである。

さらに、新規事業側では、短期的な収支を気にすることなく思い切った事業立ち上げ施策を打つ狙いから、事業を軌道に乗せるまでの一定期間、業績の赤字を許容することとした。経営層は既存の事業部門の売り上げ減少を許容するだけでなく、新規事業でも当面の赤字を計画に織り込むことで、全社最適の資源再配分を実現した。

幸い、新規事業は想定より短い期間で軌道に乗り始め、早い段階で売り上げを計上できるようになった。しかもその売り上げ規模は、既存事業のマイナス分を補えるほどに伸びた。結果的には、限られた経営資源を最大限に活用し、会社全体の売り上げ規模を一時的にも落とすことなく、新しいビジネスを生み出すことに成功したのである。

DXでは、新しいビジネスモデルを立ち上げる、優秀なメンバーを招集して横断的な体制をつくる、という局面がしばしばある。足し算経営から脱却して、全社最適な資源配分を経営層が断行できるか否かに改革の成否がかかる。

習慣病⑪

組織間の壁を生むピラミッド構造

ここで取り上げる習慣病も、右肩上がりの時代の産物である。ピラミッド型の組織構造は単一事業・量的拡大時代には適していたが、いまや意思決定の遅れや、部門をまたぐ業務での非効率を招いている（**図3-5上**）。

問題の1つは、組織の多段階化だ。ピラミッド型の組織構造は、階層が多い分だけ情報共有や意思決定に時間がかかる。現場には、各階層の管理職を経由して上意下達で仕事が指示される。その一人ひとりに与えられた業務上の裁量は限られるため、結果として指示待ち人財が生まれやすくなる（習慣病⑭「自分で考えない指示待ち人財」参照）。環境変化が少なく、組織の目標が単純で明白な場合は効率的に機能するが、現在ではデメリットの方が目立つ。また、企業によっては、管理職階層が、いわゆる「名ばかり管理職」によって肥大化しているケースもある。もはや組織は拡大しないのに年功序列でポストを与えた結果であり、まさに成長期の仕組みが悪しき習慣となった証左であろう。

もう1つの問題は、組織が多階層化・細分化されていることにより、部門間に壁が生じることだ。個々の部門の頂点に立つ管理者間の調整・合意を必要とするため、部門横断で柔軟にプロジェクトチームを組み、部門の枠を超える成果を出すことが難しい。部門をまたぐ仕事は「上を通してから」でなければ進められないなら、やる気があっても現場は部門内に閉じ、他部門に関心を持たなくなっていく。

また、複数の部門で同じような仕事をしていても、部門ごとに部分最適なやり方になってしまう、という非効率も生じやすい（習慣病⑥「組織に合わせた縦割り業務」参照）。

組織をフラット化し、若手の活躍を促進

一人ひとりの能力を最大限に引き出し、能動的に環境変化に対応していける柔軟な組織とするためには、ピラミッド型の多段階組織構造を是正するほかない。目指すべきは、よりフラットな組織構造だ（図3-5下）。

変化の激しい時代を乗り切るには、様々な能力や経験を持つ人財が部門を超えて知恵を出し合い、共創しながら、ビジネス上の課題に対応していく必要がある。フラット化された組織では、管理職を通じた調整が不要となり、部門間の壁が崩れることで、プロジェクトチームをはじめとする横断的な連携体制が柔軟に組めるようになり、共創に挑みやすくなる。

また組織をフラット化できれば、経営の意思をダイレクトに、そしてスピーディーに現場に伝えられる。経営と現場の距離が縮まり、現場の視座が高くなって経営層の感覚に近づいていく。現場の各個人の裁量が大きくなるため、モチベーションが高まり、行動は能動的になっていく。

今後、プロジェクト型の仕事は、より大きな意味を持つようになるだろう。デジタルツールの活用に伴い、定型的な業務はどんどん自動化されていくため、人が取り組むべき仕事

図3-5 習慣病⑪ 組織間の壁を生むピラミッド構造

■単一事業、量的拡大時代につくりあげたピラミッド組織を踏襲している結果、意思決定の遅延、指示待ち人財傾向、横断的視点・活動の欠如を招いている

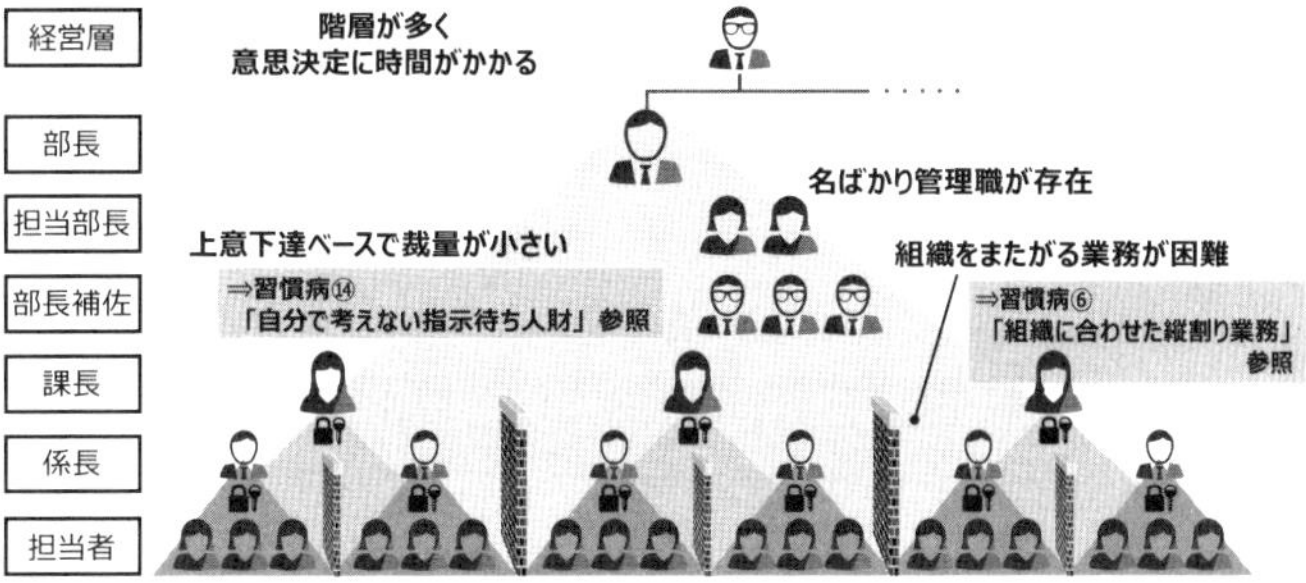

組織・人の原則　フラットな組織構築

■変化が激しい時代には、迅速な意思決定と、部門を超えた共創や問題解決が必須となるため、必要最小限の階層で、柔軟なチーム編成が可能なフラット型組織にすべき

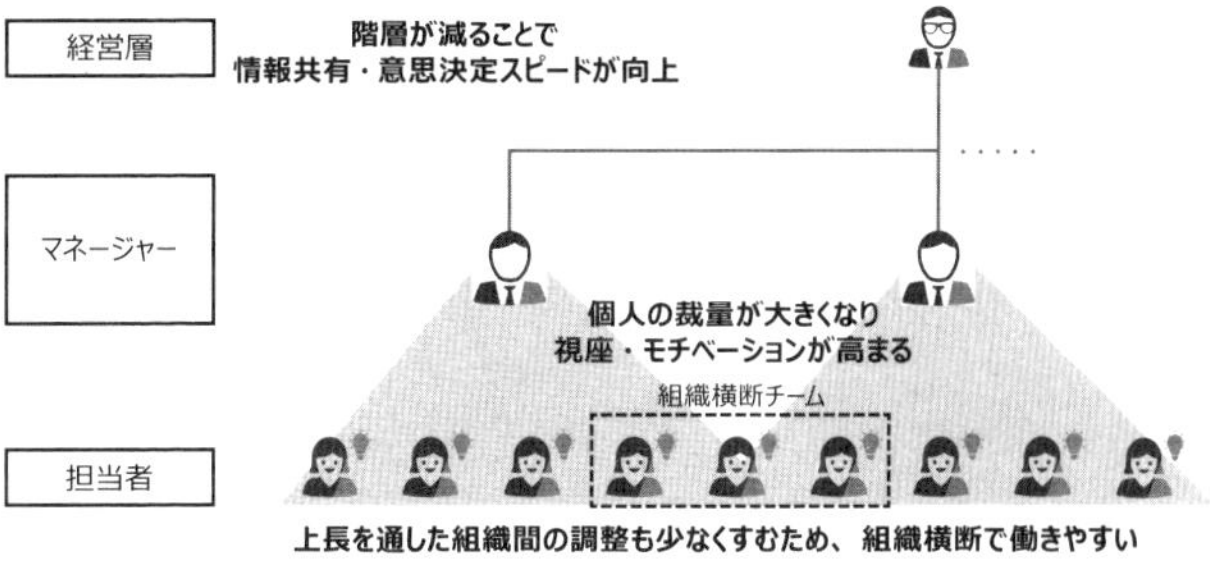

としては、特定のテーマについて必要な人財を集めて検討し、成果を出す、プロジェクト型の仕事が増えていくからだ。またプロジェクト型の仕事は、参画するチームによってリーダーもメンバーも変わるため、新鮮な刺激を受けられる。プロジェクトチームというバーチャルな組織は、メンバーにとって成長の場になるに違いない。

実際、ピラミッド型の組織構造を見直し、フラットな組織構造に再構成した例がある。製造業E社は、組織のフラット化により現場の自由度を高め、現状維持の文化が定着していた組織の活性化に取り組んだ。

E社が属するのは参入障壁の高い業種であることから、同社は競合の脅威にさらされることもなく、創業以来100年以上事業を継続してきた。事業環境は安泰で、それだけに社内には「上司の指示に従っていればいい」という保守的な空気が漂っていた。

オーナー社長はそこに危機感を抱いていた。国内事業比率が高いため、この先、人口減少＝市場縮小の打撃を受けることは明らかだ。海外市場の開拓や新商品の開発などに早急に着手する必要があった。しかし、いまの企業文化のままでは、結局カタチだけのチャレンジになってしまい、成果は出ないのではないか――。社長は、抜本的な組織改革に着手した。

組織上、主要な役職は残しながら、権限と責任を担う立場の職能資格（階層）を従来の

5階層から、2階層に絞り込んだ。また総合職、一般職という区分をなくす一方で、転居を伴う転勤がなく、決められたエリアに勤務する「地域限定職」を新しく設けている。意味のない階層や区分を排し、フラットでシンプルな組織を目指したのだ。

E社は、組織改革と並行して、海外事業強化、新商品開発、新規事業、業務の徹底したデジタル化などのプロジェクトを立ち上げた。組織改革の影響は徐々に表れ、各プロジェクトにおける討議がかつては考えられなかったほど活発化した。また、志願してサブリーダーに抜擢されるなど、若手社員の活躍機会は格段に増えた。一般職のなかに高い潜在能力を持った人財が多数見つかったことも成果だった。

DXの推進自体もプロジェクト活動の集合体になるし、DXが進展した組織においては、人の担う業務はプロジェクト型が主流になっていく。上意下達の情報共有や組織の壁は大きな障害となる。よりフラットで柔軟な組織への転換が急務だ。

習慣病⑫

世間知らずの職人集団

日本企業はジョブローテーションが少ない。入社時に営業部門に配属されれば、一生営業ということも多い。同じ部門に所属し続ければ、知識・経験には当然偏りが生じる。まして、転職を経験しない場合、「営業のプロ」というよりは、「入社した会社の営業」としてキャリアを積んでいくことになる。日本の職場には、独特の習慣や作法、固有の用語と書式、行動規範といった有形無形の「型」があふれており、職人の修行のように習熟することが求められる。結果として、身に着けた知識・経験のなかには、その会社でしか通用しないものも多く含まれており、経験年数の割にはどこでも活用できる汎用的なスキルは少ないものだ。

ジョブローテーションが少ないことは、経営人財の輩出という点からも弊害が大きい。日本企業では、「○○畑一筋」で経営層に登用されることもある。経営層ともなれば全社視点に立った言動や判断が求められるにもかかわらず、○○畑一筋のキャリアの場合、出身部門の代弁者として振る舞いかねないからだ。

人財育成という観点でも大きな問題をけらむ。右肩上がりの成長時代には、会社や事業が伸びていく過程で同一部門内でも新しい取り組みへチャレンジする機会が得られた。仮に失敗しても、事業成長のなかでその損失を吸収できたため、失敗が許容される余裕があった。しかし、いまは違う。組織や業務が成熟して、新たな取り組みを手掛ける機会が少なくなったうえに、成長が頭打ちで失敗もなかなか許されない。自ずとチャレンジの機会は失われる（図3-6上）。

ローテーションを活用し、事業に対する視野を広げる

まず求められるのは、ゼネラリストとして育成していく人財にはジョブローテーションを積極的に活用していくことだ。この社員はこういう人財に育てたい、それにはこういうキャリアパスを歩ませる必要がある、という視点に立ち、いくつかのキャリアパスを設定してローテーションを組む。

ローテーションのよさは、社内の各部門の社員と関係を構築できる点だ。様々な上司や同質でない人と関わり、多様な視点の話を聞くなかで、会社全体のことに理解が及んでいく。その経験が、全社視点というものの見方を育む。こうした効果を強化するため、直属

の上司でなく、他部門の上位者を「キャリアアドバイザー」としてアサインし、社員は日常業務から離れた立場で助言やカウンセリング、コーチングを受けられる制度を整備している企業もある。

経営層は、限られた部門のエキスパートからではなく、幅広い経験を積んだ人財のなかから選ばれるべきだ。また、経営層候補の場合、登用されるまでの間に、通常社員のローテーションとは異なる、経営層育成のローテーションが必要だ。例えば、IT部門の経験を必須とする、あるいは子会社の社長を経験させる、といった事例がある。（図3-6下）。

サービス業F社では、バックオフィス部門の人財が、ほかの部門を経験することなく役員にまで上り詰めてしまうことが問題視されていた。そのようなキャリアで役員に登用されると、結局、バックオフィス部門における自らの役割しか語れず、例えば本業の顧客対応の議論には全く加われず、事業部門のサポートも要望に応えるだけの受け身のものだった。

そこでバックオフィス部門の人財育成を見直し、積極的にジョブローテーションを実施することにした。入社直後は同部門に配属するものの、しばらくすると営業部門に異動させる。その後、バックオフィス部門にいったん戻し、マネージャー昇格とともに営業拠点を1つ任せる。そこからは、再びバックオフィス部門で、グループ長、部門長と昇格させ

図3-6 習慣病⑫ 世間知らずの職人集団

■ローテーションがなく、単一部門育ちの「世間知らずの職人集団」を大量輩出
■経営層でも担当範囲のことしか分からず、全社視点が弱い

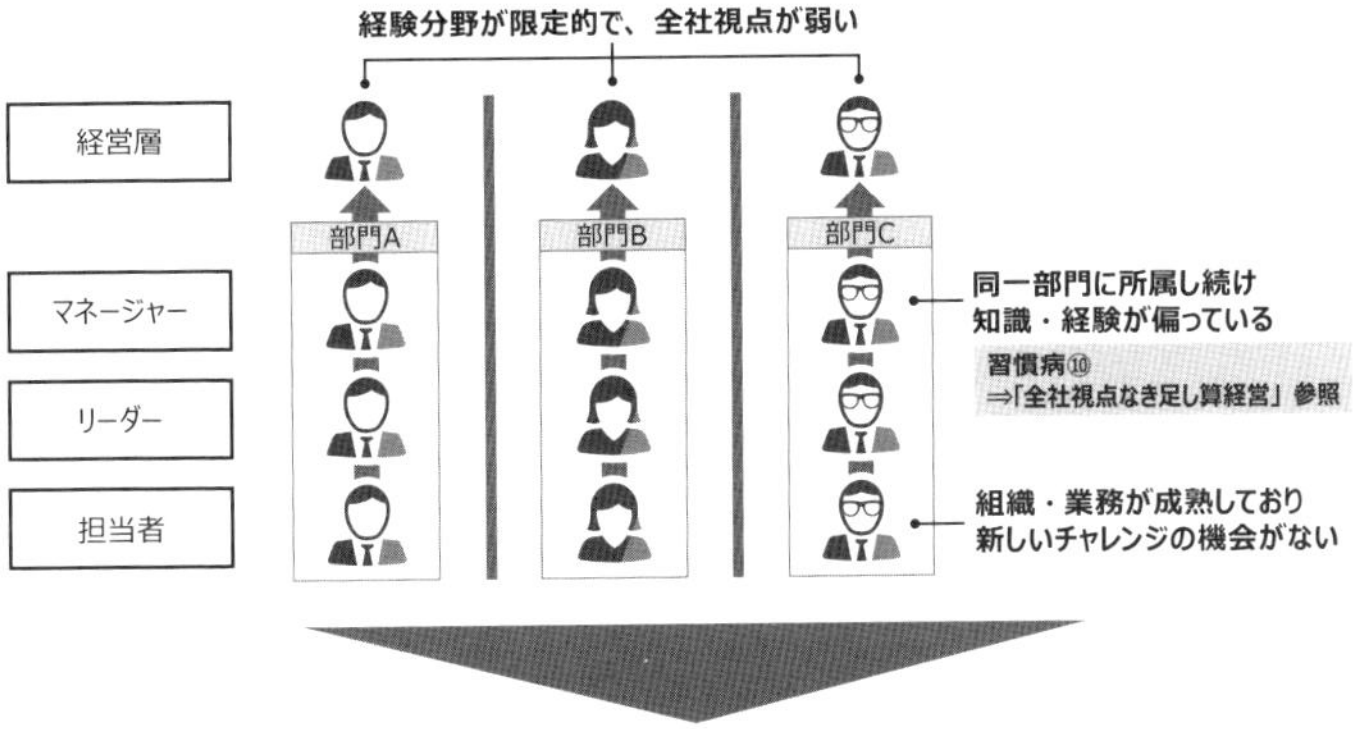

組織・人の原則 ジョブローテーションの積極活用

■ジョブローテーションを仕組み化し、多様な経験・多様な人財との関わりを持たせるべき
■経営層には、多様な部門を経験した、全社視点を持てる人財を登用すべき

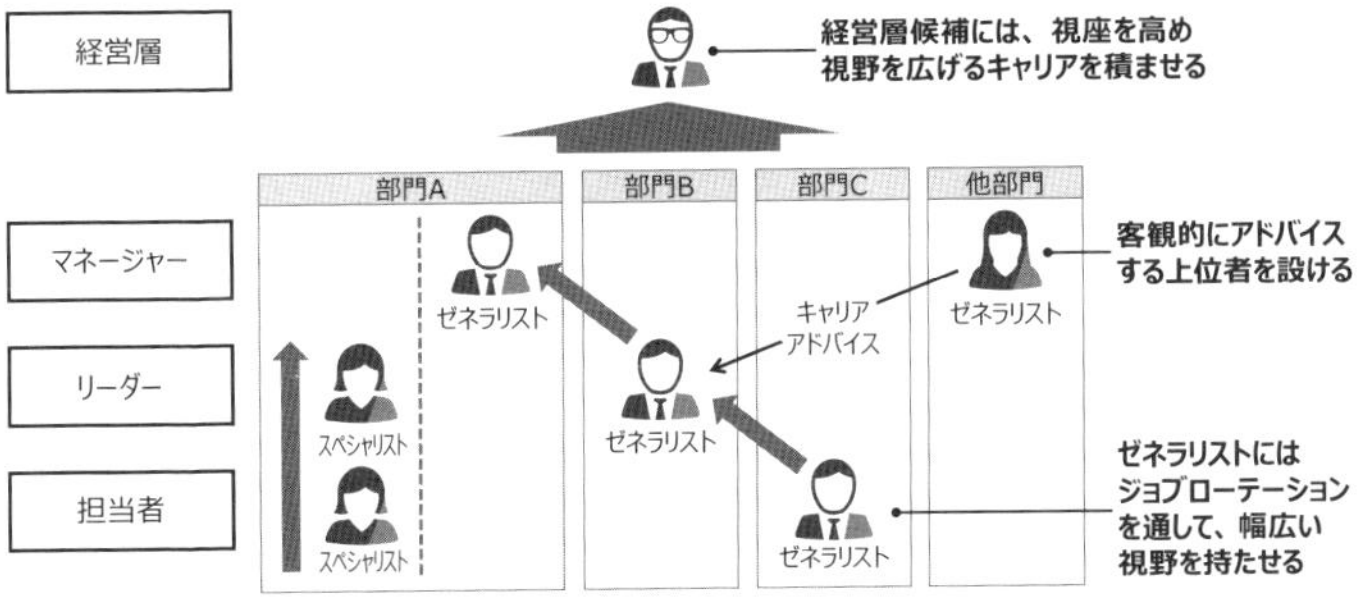

ていく。こうしたローテーションに組み込むことで事業に対する理解を深めてもらい、リーダーとしてふさわしい人財に育て上げていこう、という狙いだ。

スペシャリストとして育成していく人財の場合は、特定の部門での育成が基本になるが、ゼネラリストよりは限定した関連部門へのローテーション制度はあり得る。

例えば、経理のスペシャリストとして育成する人財であれば、営業事務部門を経験させることで、営業現場における経理処理でどのような課題があるかを学ばせたり、海外現地法人の経理部門を経験させることで、連結子会社の立場で連結決算を学ばせたりすることは考えられる。スペシャリストでも柔軟な発想を持てて、特定の範囲内とはいえ転用が効く人財が求められるからだ。

ゼネラリスト、スペシャリストといった人財タイプごとに必要な能力を定義したうえで、求められるキャリアパスを描き、体系的にローテーションしていくことが必要だ。

変化の激しい時代において、スピード感をもってＤＸに取り組み、成果を得ていくには、様々な専門家の意見を取り入れながら、多様な視点で物事を捉え、最適なやり方を模索していく必要がある。そのためにも、様々な経験を積むことができ、多様な人との関わりを持てるジョブローテーションを積極的に活用すべきだ。

習慣病⑬

事なかれ人事評価

人事評価が制度化され運用されているものの、日本企業ではその結果が報酬にしか関係しない。それも極めて穏やかに反映させているにすぎない。ここには大きな問題点が2つある（図3-7上）。

1つは、多くの企業がMBO（目標管理制度）を導入しながらも、形骸化してしまっている点だ。そこで設定される目標は、評価対象者本人が設定したものを評価者がただ受け入れただけのものなので、目標のレベルはそう高くない。評価者は本来、育成の視点も併せ持ち、評価対象者と話し合いながら、目標達成できたかどうかを明確に判断できるようなゴールを定めるべきだが、そうした面談も形式的になっている企業が多いのではないだろうか。これではMBOは機能しない。

もう1つは、「A」、「B」、「C」の3段階評価でいうと「普通」に相当する「B」評価に過度に集中する傾向がある点だ。評価者は、その後もずっと一緒に働く評価対象者を自分の評価によって傷つけたくない、あるいは評価対象者から嫌われたくないため、差し障りのない「普通」で済ませてしまうのである。しかも一度評価されると、その後の期間も実際の業績の良し悪しにかかわらず同じ評価が続くという、固定化の問題も起きている（図3-6上）。

成長とチャレンジを促す評価制度へ

人事評価の原則は、目標管理・評価を育成の機会と捉え、メリハリのある評価を下し、適切にフィードバックすることである（図3-7下）。

評価に当たってはまず、能力に対する評価と目標達成度に対する評価を切り分け、期間業績評価はあくまでその期間における目標達成度を基に判断すべきだ。期初には評価者と評価対象者で目標の認識を合わせて合意する。期中・期末には、過去の評価にとらわれず、目標達成度が高い場合は「良い」、低い場合は「悪い」評価とし、評価結果を対象者に明確に認識させることが育成のスタート地点となる。

そのうえで、評価対象者の次の行動につながるような仕掛けを考えたい。たとえ評価結果が「普通」でも、本来なら、なぜ「普通」という結果なのか、評価を「良い」に上げるには何が必要なのか、評価者は対象者と話し合うべきだ。改善点をフィードバックする話

図3-7 習慣病⑬ 事なかれ人事評価

■目標管理制度が形骸化し、育成視点がないままに運用されている
■被評価者に嫌われたくない思考から、無難で平均に寄った評価になりやすい

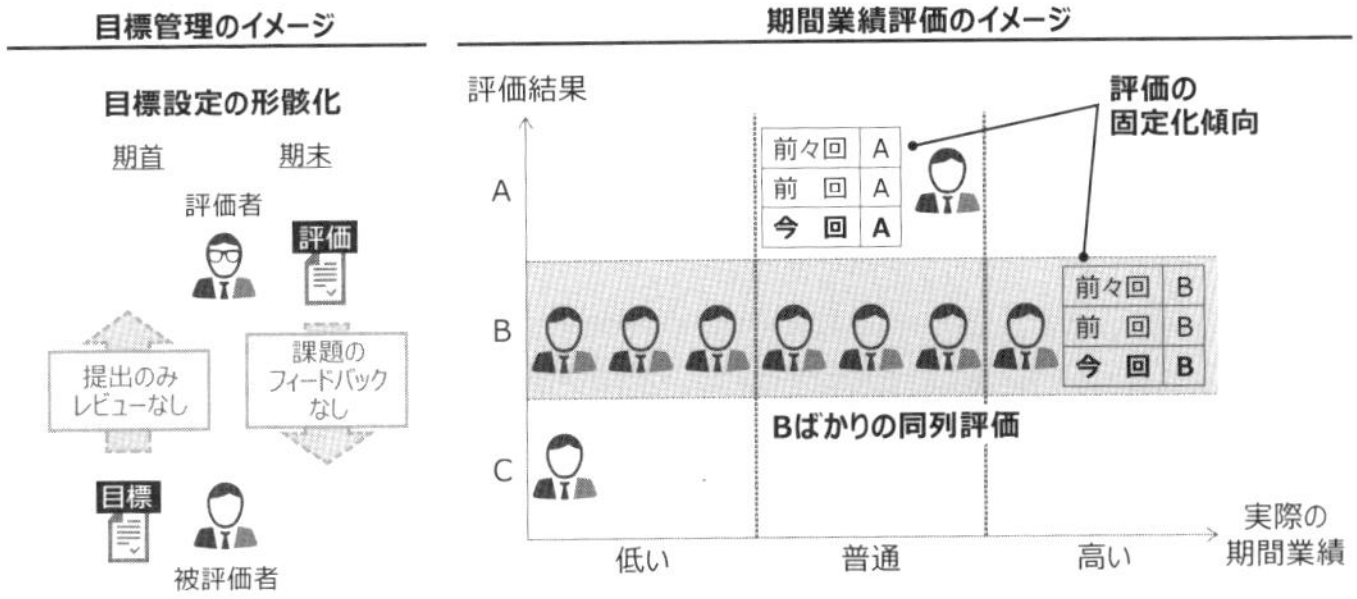

組織・人の原則　メリハリがあり、育成につながる評価

■目標管理や評価を育成の機会と捉え、メリハリのある評価と適切なフィードバックをすべき

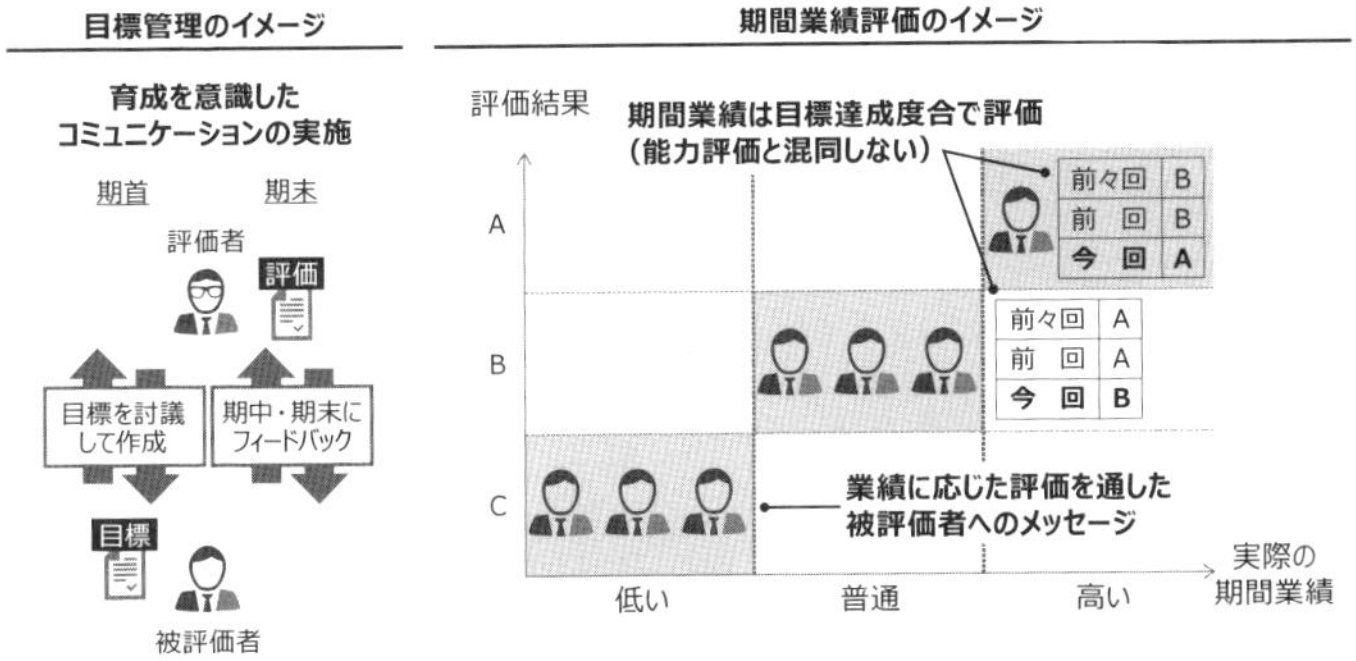

し合いを持つことで、評価対象者の次の行動が生まれる。

このように育成につながる人事評価の仕組みを運用するためには、評価者側の育成に対する意識、評価する能力、そしてフィードバック能力の向上も欠かせない。

サービス業G社は、報酬を決めるためだけに運用してきた人事評価制度を見直し、一人ひとりの成長と昇格へのチャレンジを促す仕組みに改めた。

仕組みの1つは、マネージャー人事会議の運営である。評価者で構成する会議体で、2カ月に1度の割合で開催する。この場では、部下に対する評価の軸をそろえたりするなど、情報の共有を図る。それを踏まえて、部下に対してタイムリーにフィードバックを実施することで育成の質・量を担保する。

もう1つは、チャレンジ人事制度の創設である。これは、昇格前の1~2年間、上位職の役割を試しに担わせてみる仕組みだ。実際に昇格させてはいないため、職能資格制度上の等級は据え置いたままだが、役割は上位職のものに変わるため役職手当は支給する。対象者は自薦または上位者の推薦を受けて、マネージャー人事会議で審査・決定する。

本人は例えば課長昇格前に課長職を経験してみることで、自身の能力が必要な水準に達しているか、確認することができる。そこで能力不足を自覚した場合には、昇格は先送りされ、1年後に改めて挑戦するという流れだ。

実際に課長職を任されないと経験できないことがある。それを経験させ、仮にすぐ成果を出すことができなくても、アドバイスを与えることで成長を後押しする。昇格への不安を取り除き、安心して挑戦できる社風に改めていくための下地づくりである。

G社がこれらを実際に運用してみると、とりわけマネージャー人事会議に関しては想定以上の効果が上がることが分かった。

この会議では評価者の間で期中を通して評価対象者への見方を共有できるため、多角的な評価が可能になった。例えばある対象者の評価について、その対象者のことを知らない評価者が、「具体的には何をやったのか」、「それで成果はあがったのか」などと質問を投げかける。その対象者を担当する評価者は、質問に回答するなかで、自身が下す評価の妥当性を再確認できる。その裏返しで、評価者であるマネージャーは期中を通して評価対象者のことをより深く観察するようになった。

さらに、マネージャー間で、どの部門にはどのような人財がいるのか、どのような指導がどのような成長をもたらすのか、といったその後の人財マネジメントに生かせる情報を共有できるようになった。会議の場ではマネージャー間で人事評価を巡って議論を交わすことになるため、評価スキルの向上にもつながった。

デジタル技術の進歩によって目まぐるしく変化する時代に、右肩上がりの時代の、同質組織の調和を重視した、根拠が曖昧な評価、成果をあげてもあげなくても同じ評価を続けているようでは、デジタル人財や改革人財は育たない。新技術の活用や新規事業の開発、業務改革などでの経験や成果を、成功・失敗にかかわらず正当に評価し、育成の観点から明快なフィードバックを行うことで、必要な人財を育てていく必要がある。今後は、そうした人事評価の仕組みを整えたい。

習慣病⑭ 自分で考えない指示待ち人財

社員が自ら考え、自ら行動する力が、いま弱まっている。上司の指示を忠実に実行する人財、会社の要求に器用にそつなく応えられる人財、手本にならってひたすら努力できる人財――。かつて企業に求められた人財像が、同質的アイデンティティーの金太郎アメ集団を生んでしまったのである（**図3-8上**）。このままでは、目まぐるしいビジネス環境の変化に対応できない。

VUCAの時代には、環境変化の本質を見極めながらルールや制度を見直すことが求められる。本質を見極めるためには、自ら考える力が欠かせない。自ら行動を起こし周囲に働きかける情熱、新しいことにチャレンジする精神も必要だ。

そこで必要になるのは、挑戦する機会づくりと、挑戦に対する称賛である。人財マネジメント制度全般を見直し、日常業務とは異なること、異なる視点、異なる人の中で、挑戦する経験や創造的な経験を積ませ、それを評価・称賛することが求められる（図3-8下）。

人事評価と連動する「考える機会」を提供

具体的にどのような手段が考えられるのか。1つは「考える機会」の提供である。そもそも考える力が弱まるのは、思考停止のままで済まされる環境に置かれているからだ。そうではない環境が与えられれば、それに対応しようと誰しも頭を使わずにはいられないはずだ。その環境を「考える機会」として意図的に提供し、実際に考えさせることを通じて、考える力を育てていくという訓練法だ。

運輸業H社では、自ら考え、自ら改善に動くことを社員に習慣づける狙いで、職場の改善提案を競う社内コンテストを継続的に実施している。背景には、トップダウンで業務改

図3-8 習慣病⑭ 自分で考えない指示待ち人財

■学校教育やこれまでの企業運営の結果として、自ら思考・行動する力が弱まっている

求められていた人財像

- 同質的アイデンティティー
- なんでもそつなく こなせる官僚タイプ
- 与えられた指示を 正しく遂行できる
- 手本にならって ひたすら努力ができる

過去の人財像が金太郎アメ集団を生んでいる

決められたルールや過去の事例に沿うのは得意だが 変化についていけない

- ✕新しいことにチャレンジできない
- ✕自ら行動して周囲に働きかけられない（受け身）
- ✕物事の本質を思考できない

組織・人の原則　**挑戦する機会づくりと称賛**

■人財マネジメント方針・人事制度全域を見直し、通常業務とは異なる分野・視点・人の中で挑戦・創造する経験を積ませるべき

求められる人財像

- 尖ったアイデンティティー
- 変革を先導するリーダー
- 失敗を恐れず新たな ことにチャレンジできる
- 固定概念に捉われず新たな ものを生み出すことができる

施策例

- ・成果だけでなくチャレンジを評価する仕組みづくり
- ・ジョブローテーション・PJワークによる、多様な人との協働・幅広い業務経験の機会づくり
- ・日常業務と異なるテーマについて思考・発表させる場づくり

→ **表面的な教育でなく、抜本的な人事制度の見直しや配置転換も実施**

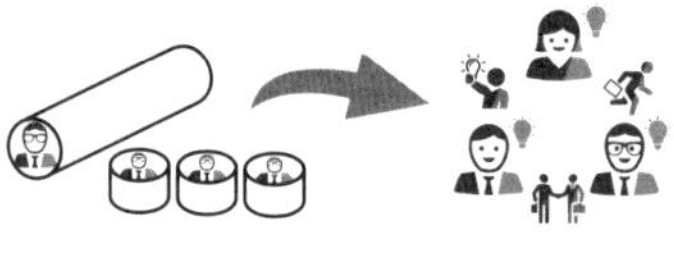

革を進めようとするものの、長い間に業務が固定化してしまっており、思うように見直しが進まない状況があった。コンテストを継続的に開催することによって、現場主導で業務改革に取り組む機運を盛り上げたいという狙いもある。

コンテストの実施は四半期に1度。取り組んだ改善策、その成果、波及効果、苦労点など定められた項目をまとめ、個人または職場単位で社内に置く事務局に応募してもらう。審査は担当役員だ。そこで最も高く評価された個人・職場は、懸賞金付きで表彰される。毎回の応募数は数百件規模に上る。

サービス業I社は「考える機会」を提供する手段として、会社への提案を促す仕組みを持つ。同社では、会社にとってプラスになる提案をした社員には、採否を問わず一定の評価を加えるように人事評価制度を改めた。その評点は人事評価の2割を占める。簡単にいえば、いくら社業に貢献していても、提案なしでは人事評価は最高80点止まり。ところが従来の人事評価が60点でも、提案が最大限に評価されれば同じ80点の評価を期待できる。

新しい仕組みを取り入れた最初の半年は、ほとんどの社員が様子見だったが、なかには提案する社員もいた。それらの社員が人事評価で実際に加点されたことが広まると、多くの社員がこぞって提案に乗り出した。次の半年は、提案した社員が全体の8割に上った。

「考える機会」を提供する手段としては、配置転換も有効だ。とりわけ責任者の配置転換は、当人にとっても部下にとっても大きな環境変化をもたらす。責任者当人は新しい環境・新しい業務に対応していくために思案を巡らすことで、自ずと「考える機会」を得る。部下は、業務は変わらないものの上司が変わったことで、それまでと異なる判断や指示のもとで仕事に臨むことになる。それが、「考える機会」を得ることにつながる。

今後、変化の激しいデジタル時代に求められる人財は、尖ったパーソナリティーや能力を持ち、変革を先導するリーダーだ。失敗を恐れず、新たなことにチャレンジできる精神も欠かせない。固定観念にとらわれず、新たなものを生み出すことができる能力も必要だ。これらの能力は、リーダーだけでなく一般の社員にも求められる。

そうした人財を確保する手段は、育成に限らない。採用、配置、評価、代謝といった人事制度上のほかの仕組みも総動員して見直しを図るなど、挑戦する機会づくりと称賛に取り組むことが重要になる。

DXの取り組みは、失敗を恐れず、新たなことに挑戦する格好の機会だ。この機会をフル活用して、自ら考え、行動できる人財を、意識的に育成したい。その人財がまた次のDXテーマをリードしていく好循環を生むことが理想的な展開だ。

Column

海外現地法人こそ、成長のためにDXを

日本企業における海外事業の比率は年々高まっている。経済産業省の「海外事業活動基本調査」によれば、製造業の連結業績に占める海外売上高の割合は、直近で約25%に達している。国内市場は飽和状態なので、今後も海外事業の重要性はますます高まっていく。

ところが、海外現地法人のマネジメントに目を向けると、そこにはいくつかの問題がある。多くの日本企業が独自の企業文化(「習慣病」を含む)を海外現地法人にそのまま持ち込んでおり、文化の異なる海外現地法人で様々な波紋を引き起こしている。特に、アジア諸国においては「現地採用社員=安い労働力」という意識が強く、それが原因で現地採用社員のポテンシャルを引き出せずに、海外ビジネスの成長を阻害している。

海外現地法人にも及ぶ習慣病の影響

問題の1つは、海外現地法人における「業務の属人化・ブラックボックス化」である。こ

れは第1章でも述べた、日本企業が抱えている習慣病の背景にあるもので、職務を明確に定義せず、ＯＪＴ（オン・ザ・ジョブ・トレーニング）を中心に暗黙知を引き継ぎ、社員が個別に工夫・改善する姿勢をよしとする企業文化から生じる問題である。この文化をそのまま海外現地法人に持ち込んだため、そこでも業務の属人化・ブラックボックス化が発生してしまっている。

この問題は、日本国内より海外で、より深刻な悪影響を及ぼす。日本では終身雇用・長期雇用が当たり前なので、業務が属人化しても、その社員が同じ業務を担当する限り大きな問題にはならない。しかし、海外では人財の流動性が高く、社員が転職すると業務をうまく引き継げずに業務品質が低下しやすい。

さらに、海外現地法人における業務品質の低さの大きな原因は、属人化・ブラックボックス化しやすい日本の業務のやり方をそのまま海外に持ち込んだことなのにもかかわらず、日本人駐在員は「現地採用社員に高度な業務は任せられない」と勘違いし、現地採用社員に定型業務しかやらせないようにしてしまう。そうなると、大学卒の優秀な現地採用社員であっても、担当するのは定型業務ばかりとなり、仕事に対する意欲を削がれ、短期間のうちに退社する事態となる。業務の属人化・ブラックボックス化と、それに起因する現地採用社員の意欲低下は、海外現地法人が抱える大きな問題といえる。

2つめの問題は、海外現地法人における「中途半端なシステム化」に起因している。一般に、業務に必要な情報システム（グループ共通システムは除く）の整備については、現地側に委ねられることが多いが、海外現地法人ではシステム化に割けるリソース（ヒト・カネ）やノウハウが限られているため、大掛かりなシステム化はなかなか進めにくい。また、人件費が安いのだから無理してシステム化せずに人手で対応すればよい、と考えてしまい、システム化が中途半端な形に終わってしまうのが実情である。

こうした「システム化されない定型業務」は、事業の成長によって業務量が増えても、現地採用社員の手作業に頼らざるを得ない。人件費が安いために問題視されることは少ないようだが、現地採用社員の意欲低下、転職率の上昇をもたらしているのは間違いない。

3つめの問題は、「マネジメントは日本人、オペレーションは現地採用社員」という日本人駐在員の意識にある。特にアジア諸国の現地法人の多くは、安い労働力を求めて生産拠点として設立された。現地採用社員は工場のブルーカラーという歴史を持つことが多いため、そうした役割分担の意識が残っているわけだ。

しかし、いまでは、ホワイトカラーにまで現地採用が広がっている。それなのに日本人駐在員の意識は変わらず、優秀な現地採用社員であってもマネジメント上の重要な役割を任せることは少なく、オペレーションしか任せていないことが非常に多い。しかし、市場や文化を深く理解した現地採用社員を登用して海外現地法人の業務や組織の運営の中心に据え、急激に変化する現地の市場環境に機動的に対応する経営体制の確立＝「真の現地化」を進めなければ、いつまでたっても日本企業が海外市場で大きな成功を収めることは難しい。

スピード感や大きな裁量、ＤＸの成功要因がそろう

海外現地法人が抱えるこうした問題を克服し、成長の壁を乗り越えるきっかけにするためにも、海外現地法人にこそＤＸに取り組んでほしい。なぜなら海外現地法人は、日本の本社に比べて小規模で、大きな裁量が与えられている。海外現地法人の社長が「ＤＸをやるぞ！」と号令をかければ全社一丸となって動きやすく、小回りもきく。現地採用社員は、もともとはＤＸの足かせになる習慣病とは無縁だ。ＤＸの推進に必要な「スピード感」や「過去の成功体験に縛られない新しいアプローチ」で取り組める利点は大きい。

特にアジア諸国では全般に「新しいもの」が大好きである。一足飛びの経済発展を意味する「リープフロッグ」という言葉に象徴されるように、海外の新興国ほど最先端のデジタル技術があっという間に浸透していくため、デジタル技術を活用した業務プロセス改革

とも親和性が高いといえる。

現地法人においては、例えばＲＰＡを核としたＤＸが有効だ。属人化・ブラックボックス化した業務の品質が社員の転職によって低下するのなら、そもそもその業務をＲＰＡで自動化してしまえばよい。ＲＰＡを導入する過程で業務プロセスも可視化されるので、一石二鳥である。

「中途半端なシステム化」という問題への対処にも、やはりＲＰＡが威力を発揮する。一般的なシステム構築と比べ、ＲＰＡは現場の力で導入していけるため、海外現地法人でも中途半端で終わらせず、「最後までやり切り、かつ継続する」ことが可能だ。手作業に頼っていた定型業務を大幅に自動化でき、現地採用社員の意欲を削ぐような状況を回避できる。

定型業務の自動化が進めば、「マネジメントは日本人、オペレーションは現地採用社員」という日本人駐在員の意識も変わらざるを得なくなる。現地採用社員に任せていたオペレーション自体がほとんどなくなってしまうため、現地採用社員をより高度な業務に振り向けて、真の現地化を目指す素地を整えられる。

現地採用社員は、意識が変われば、その行動も驚くほど変わり、非常に高いパフォーマンスを発揮する優秀な人財となる。ＤＸはその意識変革をもたらす最大の機会となる。例えばＲＰＡを使って「仕事のやり方自体を変える」という徹底した業務改革の経験を積ませる。そして、改革へのチャレンジを大きく称賛する。それにより、社員は自ら考えて新しい改革機会を見つけるようになる。第5章で紹介するYKKベトナムの事例は、まさにこの改革手法で成功の果実を手にしている。

今後の成長に向けて、伸びしろのある海外現地法人こそ、DXへの取り組みに着手すべきだ。実際、日本の本社の動きを待つことなく、海外現地法人が独自にDXをスタートさせる例は多い。本社側も、そうした海外現地法人の取り組みをパイロットケースと位置づけて積極的に支援し、その成功例を本社や国内外のグループ会社で活用していくことが望ましい。

第4章

「IT・新技術」の習慣病

思い切って転換すべきは「技術との向き合い方」

ＩＴ（インフォメーション・テクノロジー）とは文字通り「情報技術」であり、経営資源である情報を活用してビジネスを飛躍的に発展させる技術だ。ところが、日本企業には誤解がある。ＩＴを単なる効率化の手段としてしか考えず、特定の機能を備えた「システム」という「モノ」と同じ意味に捉えてしまっている。その結果、社内のＩＴ部門の役割は、デジタル技術を活用して事業や業務を変革することではなく、システムを開発したり保守・運用したりすることになってしまう。ＤＸ（デジタル・トランスフォーメーション）に取り組むには、ＩＴ・新技術に対する向き合い方から改める必要がある。

誤解を生んでいる背景には、ＩＴ部門の成り立ちがある。右肩上がりの時代には事業の成長が最優先であり、業務、特に管理業務の効率化は優先順位が低かった。ＩＴ部門は「必要最低限の機能を持ったシステムを調達できればよい」という感覚で、広く利用され無難なＩＴソリューション（パッケージソフトやツール、手法など）を、「モノ」を選択するように採用し、構築・運用してきたのである。

それゆえ日本企業は、システムの開発や保守・運用に直接携わる人財のほとんどを「社外のＩＴベンダー」に求めた。つまり、外注することを基本に据えてきた。

これに対して欧米企業は、ＩＴを技術と捉え、自社の事業、製品・サービス、業務をイノベーションするために活用しようと考え、ＩＴ部門を立ち上げてきた。

その結果、日本企業と欧米企業との間では、ＩＴ人財が活躍する場に大きな違いが生じている。国内ではＩＴ人財の約7割はＩＴベンダーに所属し、事業会社（ユーザー）に所属する人財は3割程度にすぎないのに対し、欧米ではその配分比が逆転し、約7割のＩＴ人財が事業会社に所属している。

事業会社内におけるＩＴ人財（社員）の役割も大きく異なり、日本企業ではシステムの「お守り役」にすぎないが、欧米企業では「高度な技術力を持ち、自社事業に精通するイノベーション人財」という位置づけだ。それはそのまま、社内でのＩＴ人財の価値の差、報酬の差として表れている。

国内ではむしろ、システム開発を事実上担うＩＴベンダーの人財の方が、市場価値は高く報酬にも恵まれる。そのため、ＩＴ人財はますますＩＴベンダーに流れ、偏在するのが実情である。これでは、いつになっても事業会社内に「イノベーションを起こすＩＴ人財」は十分に確保できない。

こうしたＩＴに対する認識やＩＴ・新技術との向き合い方が、日本企業のＩＴ・新技術の活用力を削いでいる。今後ＤＸを推進していくに当たっては、このことをまず経営者自身が認識する必要がある。そのうえで、ＩＴ部門を社内に不可欠な機能の1つと位置づけ、ＩＴに関する組織ミッション、人財育成の考え方、導入・開発プロセスなどを抜本的に変

図4-1　IT・新技術の習慣病

15	IT戦略なきIT投資
16	責任・検証なき投資プロセス
17	「つくる」ことが目的化
18	過剰な完璧主義・安全志向
19	同業他社との横並び
20	ベンダー依存体質
21	低いIT・デジタルリテラシー

革し、ＩＴ・新技術を用いてイノベーションをもたらせる体制や文化に転換していく必要がある。

例えば、ＩＴ部門の位置づけを「情報システムの調達・お守り役」ではなく、「事業で成果を上げることを最終目的としたＤＸ推進組織」といった形に再定義すべきだろう。開発プロセスならば、一つひとつの工程を完璧にしてからでないと次工程に進まないウォーターフォール型だけでなく、試行錯誤を前提として開発サイクルをスピーディーに繰り返していくアジャイル型も取り入れていく必要がある。

ＤＸの成否は、こうしたＩＴ・新技術との向き合い方をどれだけ思い切って転換できるか、という点にかかっている。従来の延長線上で済ませようとする限り、失敗は避けられない。

従来の向き合い方にはどのような問題があり、それをどのように改めていく必要があるのか――。以下、７つの習慣病の切り口で整理した（図４-１）。

習慣病⑮ IT戦略なきIT投資

ITに関する最も大きな問題の1つは、経営層に「ITを活用してビジネスを変革しよう」という発想がない点だ。日本企業の経営層は、ITを一部の専門家にしか分からない特別なものと考え、IT部門に任せきりにしている（図4-2上）。

また、この章の冒頭で指摘したように、ITはシステムという「モノ」と同等の認識のため、経営層はもちろん、IT部門も自らの役割をその運用・保守程度という捉え方しかしていない。実際、日本企業がシステム開発に乗り出すのは、現行システムに対するサポート期間（メーカーが保守部品や保守サービスを提供する期間）の終了を迎え、システムの乗り換えを検討せざるを得なくなった時が多い。極めて受け身の姿勢だ。

しかも、事業部門で定めた要件を基にIT部門が開発作業を進めていくなかで、「これからどのようなビジネスを立ち上げるのか」、「新たな顧客との間で関係をどう築いていくのか」など、将来の価値創出につながる施策が問われることはない。あくまでも、目の前にある個別具体の課題を乗り越えるために、どのようなシステムを構築するか、という要件が問われるだけだ。

多くの企業が思い描くＩＴ投資とは、現行システムの運用費用や更新投資の集合体であり、事業戦略推進のための将来投資は含まれていない。そんなＩＴ投資が習慣化してしまっている。

経営戦略と一体でIT戦略を策定すべき

本来、ＩＴ投資は、経営戦略の一部であるＩＴ戦略の実現手段である。いまの時代はとりわけ、ビジネスそのものがＩＴと切り離せないものになっている。企業全体としてビジネスにＩＴをどう活用していくのか、それによって将来の価値創出をどう実現していくのか、そのためにどのようなＩＴ投資が必要となるのかを明確にしたＩＴ戦略を策定する必要がある（**図4-2下**）。

それゆえ、ＩＴ戦略を策定するときは、ＩＴ担当役員とＩＴ部門に閉じた場ではなく、経営層のそろった経営会議の場で、経営課題の1つとして検討していくことが重要である。ＩＴ戦略には、すべての経営層のコミットが求められるからだ。経営層がＩＴを敬遠せず、その活用を経営課題の1つと捉えて、ＩＴ戦略を経営戦略と一体で論じてほしい。

図4-2 習慣病⑮ IT戦略なきIT投資

■将来の経営・事業に対し、ITでどのように貢献するかが不明
■IT戦略・施策をIT部門任せにしており、経営課題として語られていない

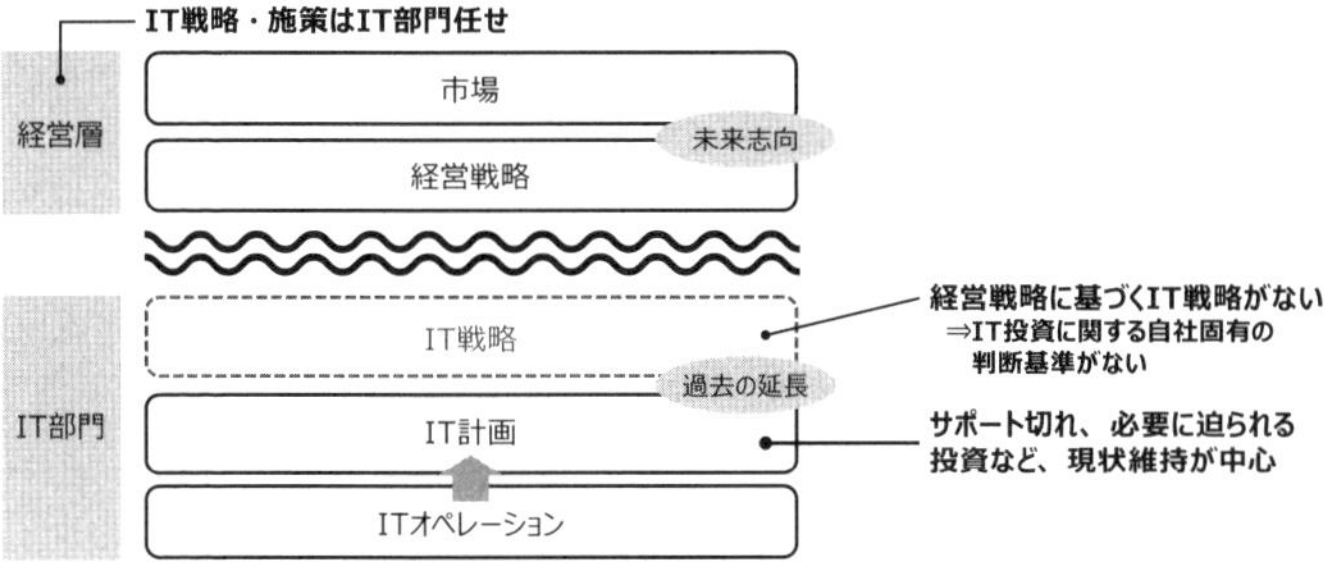

IT・新技術の原則 経営戦略に貢献するIT戦略

■IT戦略を経営課題と捉え、経営層がビジネス戦略と一体で論じるべき

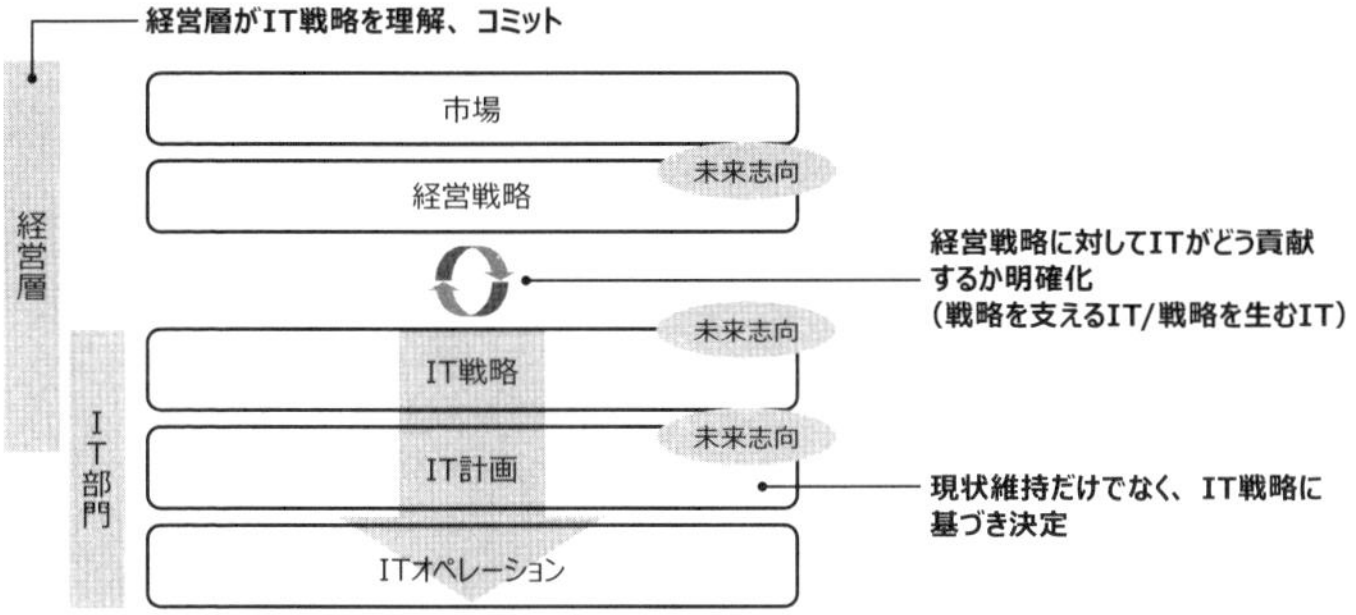

ここで、製造業A社の例を紹介しよう。同社は、中期経営計画の策定に合わせて、IT部門の再編とIT戦略の策定に乗り出している。

A社がまず取り組んだのは組織改革だ。管理本部内の一部門にすぎなかったIT部を本部に格上げし、事業本部と同列に位置づけた。

さらにIT戦略の策定に向け、既存・新規を問わず、全てのITテーマについて、それぞれがビジネスにどう貢献しているか、業務効率化や顧客満足度向上の視点から整理した。それをベースに、事業本部と共同で、今後の事業戦略の実行に必要な重点ITテーマを絞り込み、IT戦略として検討・策定する場を設けた。

これによって、IT部門と事業部門との関係は一変した。従来は事業部門から現行システムの機能変更や追加、新規ツールの導入などの要望を受け、IT部門が見積もりを作成し計画化する一方通行の関係だったが、IT部門と事業部門がアイデアを出し合って事業戦略やIT戦略を策定する双方向の関係に変わった。両者が情報交換や議論を交わすなかで、ITに関する優先度の高い課題を早期に見つけ、対応策を迅速に打ち出せるようにもなった。

A社ではその後、IT戦略を策定する場である「IT戦略会議」を年1回の定例とした。会議の場では、グループ経営のキーパーソン（グループ会社を含む経営層）を前に、本社のＩＴ本部長が重点ＩＴテーマを事業戦略と関連づけながら説明し、その内容を全員で討議。結果をＩＴ戦略として策定している。このＩＴ戦略会議の定例化によって、事業戦略とＩＴ戦略を関連づける文化が定着した。

ＩＴとビジネスをここまで直結できるようになった背景には、「グローバル展開を支える重要な機能としてＩＴ部門を位置づけるべき」という経営層の強い意思がある。そして、重要な機能であるからには、ビジネスへの貢献度をしっかりと問わなければならない。そこからＩＴ部門の再編とＩＴ戦略立案方法の改革が始まったのである。

ＤＸ推進のための投資は、企業の将来を左右する極めて戦略的な投資となる。ＩＴ部門任せにせず、経営戦略の観点から投資計画を立案する場やプロセスの整備、経営層の埋解とコミットメントが必要だ。

習慣病⑯

責任・検証なき投資プロセス

ＩＴ投資に関しては、投資規模が大きいにもかかわらず、成果が検証されないという問題がある。投資である以上、投資対効果をみるのは不可欠だが、ＩＴ投資に限っては、意思決定における事前検証、投資実行後の効果検証ともに、通常の投資案件とは異なるプロセスで行われ、検証が甘くなりがちだ。

原因として、技術要素が絡むがゆえにＩＴ投資が特別視され、ＩＴ部門に委ねられた結果、責任者が不明確になってしまうという現実がある（図4-3上）。

本来、責任を負うべきなのは、それによって業務上の成果を得るはずのユーザー部門であるが、現実にはＩＴ部門がプロジェクトを主導し、取りまとめ役を担うことが多い。ユーザー部門は要望を並べるだけで、投資対効果の検証や経営層への説明は全てＩＴ部門に丸投げというのが実情だ。

ところが当のＩＴ部門は、ユーザー部門の要望を基にＩＴベンダーから見積もりを取得するものの、その背景までは理解していないため、投資対効果の検証は形式的に済まさざるを得ない。また経営層への説明においても、ユーザー部門の要望やＩＴベンダーの見積もりをそのまま報告することになる。

これでは経営層も、そのＩＴ投資が妥当か否か、判断しようがない。拠り所にできるのは、投資総額と過去の実績くらいである。これらを比較し、次年度以降の収益見通しに大きな影響を及ぼさない限り、プロジェクトは了承されてしまう。

投資対効果重視の実行体制と検証プロセスを整備

本来あるべき姿は、事業投資と同様、効果検証プロセスを整備するとともに、「ＩＴ投資の受益者」たるユーザー部門に説明責任と効果を出す責任を持たせることだ（図4-3下）。ＩＴ投資の起案・説明時には、目標や効果をユーザー部門が責任を持って説明する。ＩＴ投資後は、ユーザー部門がしっかりと効果を出す責任を負い、経営層が検証できなければならない。

一方、ＩＴ部門は専門的な見地からの情報収集やシステム開発・運用費の見積もりを担い、専門家集団としてユーザー部門を支援する。このような形でＩＴ投資の検討を進めれば、経営層は投資対効果を適切に判断、検証できるようになる。

図4-3　習慣病⑯ 責任・検証なき投資プロセス

- ■投資に対する効果が問われず、効果検証が行われていない
- ■経営層・IT部門・ユーザー部門それぞれの責任が曖昧

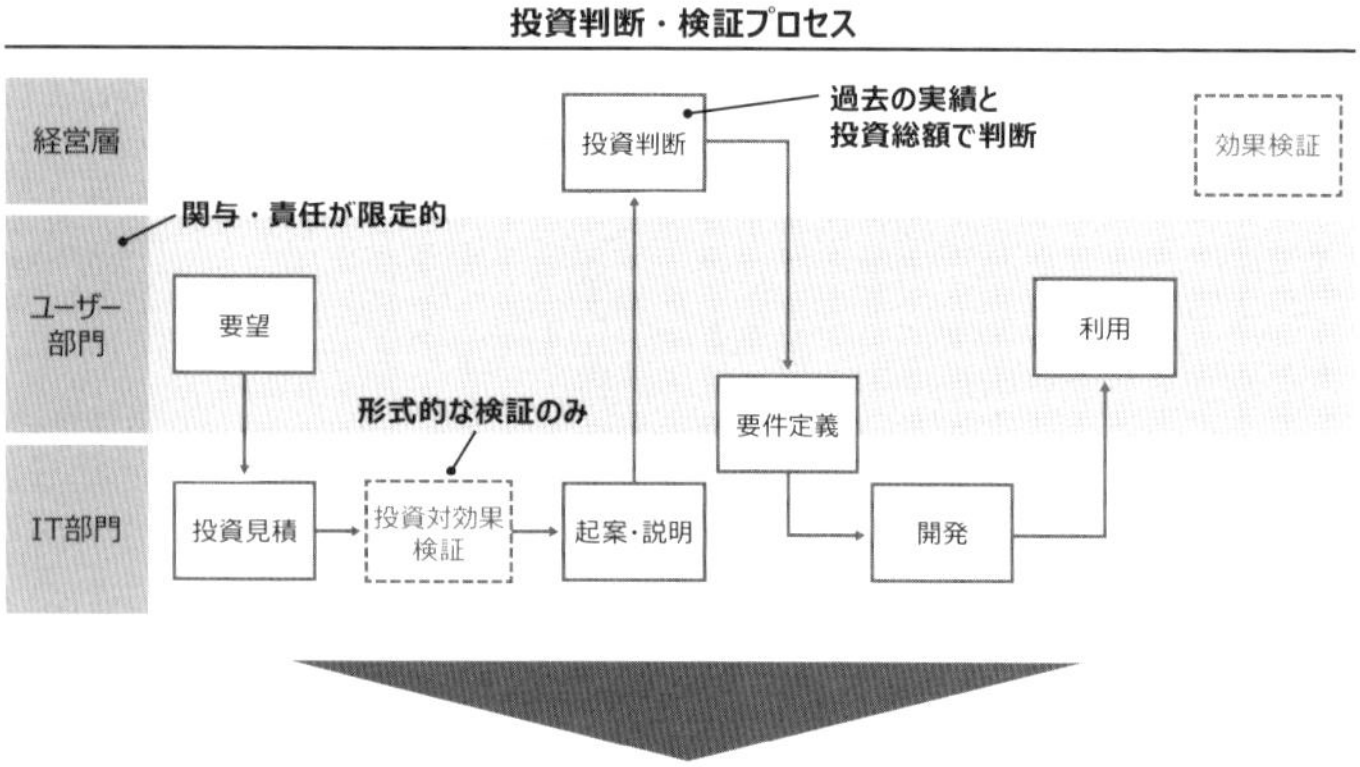

IT・新技術の原則　**効果重視の投資・検証プロセス**

■事業投資と同様に、効果検証プロセスを整備するとともに、ユーザー部門に実行後の効果の獲得まで責任を持たせるべき

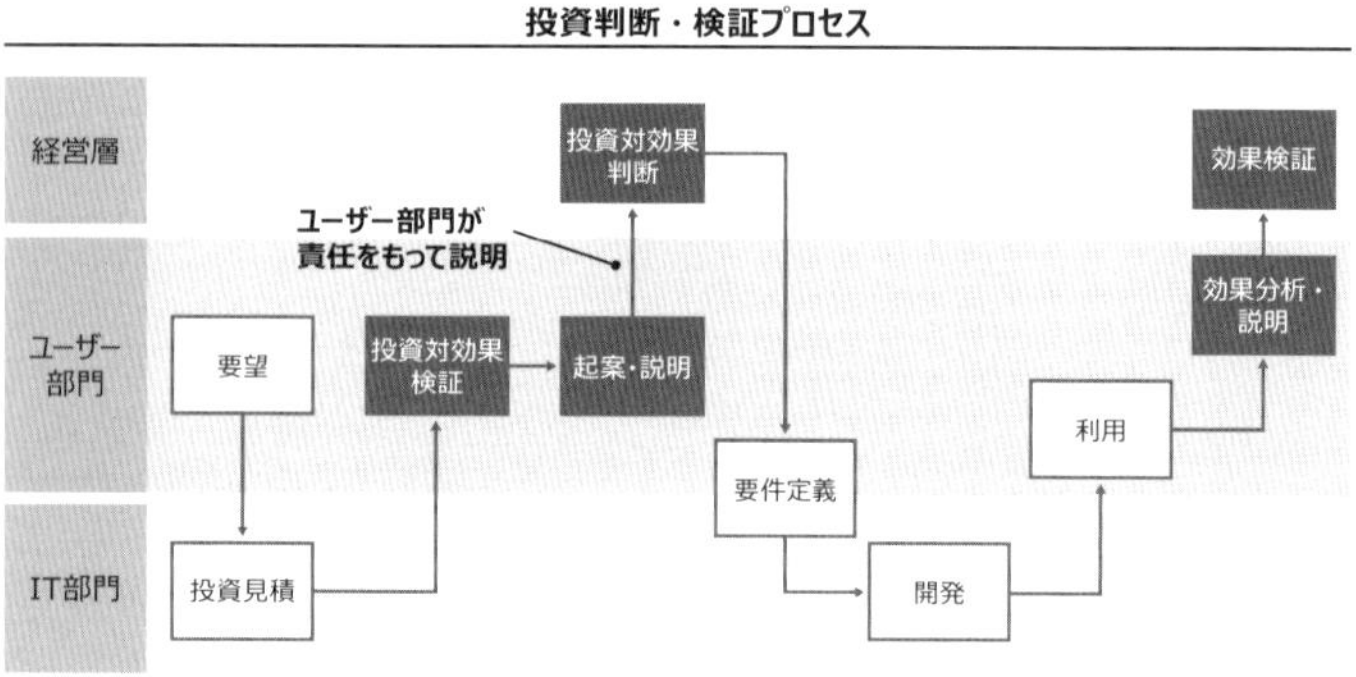

投資対効果を検証する仕組みを取り入れた例として、運輸業B社の取り組みを紹介する。新しい仕組みを取り入れたことで、事業部門にはプロジェクトに主体的に取り組む姿勢が、IT部門には事業部門を全社視点で支援するという役割意識が定着している。

B社のIT部門はもともと、IT投資案件の企画とシステム開発のほとんどを担っていた。事業部門はIT投資企画とシステム開発に対してあまり関与せず、システム利用者として要件や予算をざっくりと示す程度にとどまっていたからだ。

意思決定段階の説明は全てIT部門が行い、システムの稼働後、その効果検証を担当するのもIT部門だった。しかし、稼働前にKPI（重要成果指標）を定めているわけではなく、検証の基準はない。検証レポートは形骸化し、全く活用されていなかった。

B社は、こうした役割分担やプロジェクトの進め方を根本から見直した。

IT投資やシステム開発プロジェクトを企画する役割は、事業部門に改めた。意思決定時に説明する責任を負うのも、プロジェクト推進の主役である事業部門だ。これに対してIT部門は、システム開発に関するサポート役に徹することにした。例えば、システム開発を委託するITベンダーと対等に交渉するノウハウは事業部門にないため、交渉段階ではIT部門がその支援にあたる。

システム稼働後の検証は、ほかの投資案件と同様、財務部門の役割とした。さらに検証の基準を設ける必要性から、稼働前の段階であらかじめＫＰＩを定め、原則としてそれを基に事後検証する方式に切り替えた。この検証の仕組みはまた、不要なＩＴ資産を保有し続けることがないように、ＩＴ資産を除却するか否かの判断プロセスにも用いている。

ＤＸには日進月歩のデジタル技術への投資を伴うが、デジタルツールの導入そのものが目的化してしまったり、目指していた改革が狭い範囲に限定されてしまったりする危険がある。そうした事態に陥らないようにするためには、ユーザー部門がＩＴ投資に対する目的意識を明確にすること、経営層が投資対効果を適切に検証できるプロセスを整備することが欠かせない。

習慣病⑰ 「つくる」ことが目的化

ＩＴ・新技術は、ビジネスや業務に大きな変革をもたらす可能性を秘めているが、あくまでも手段であることを忘れてはならない。前項でも述べた通り、成果につながって初めて導入した意味がある。

しかしながら、世の中のプロジェクトでは、手段にすぎないシステム（IT・新技術）を「つくる」ことが目的化している場合が少なくない。たいていのシステム開発プロジェクトでは、システムを無事に稼働させたらゴールである。計画した期限と予算を守り、トラブルが起こらない品質を確保すればよく、達成できればプロジェクトチームは解散となる（図4-4上）。

システムをつくる側は「いいもの」をつくれば現場で使ってもらえると考えがちだが、ユーザー側は「業務が変わること」を好まないので、何も手を打たなければ、せっかくつくったシステムが現場で使われず、投資に見合う効果が得られない事態も起こり得る。

「使わせて効果を出す」までをプロジェクトがコミットする

重要なのは、「使って成果を出す」ことだ。そのためにプロジェクトチームは、安定稼働をもって解散するのではなく、活用段階までコミットする体制に変えなければならない（図4-4下）。使い方を説明し、利用者の声を聞いて改良しながら、現場に新システムを定着させるところまでを支援するためだ。

図4-4　習慣病⑰「つくる」ことが目的化

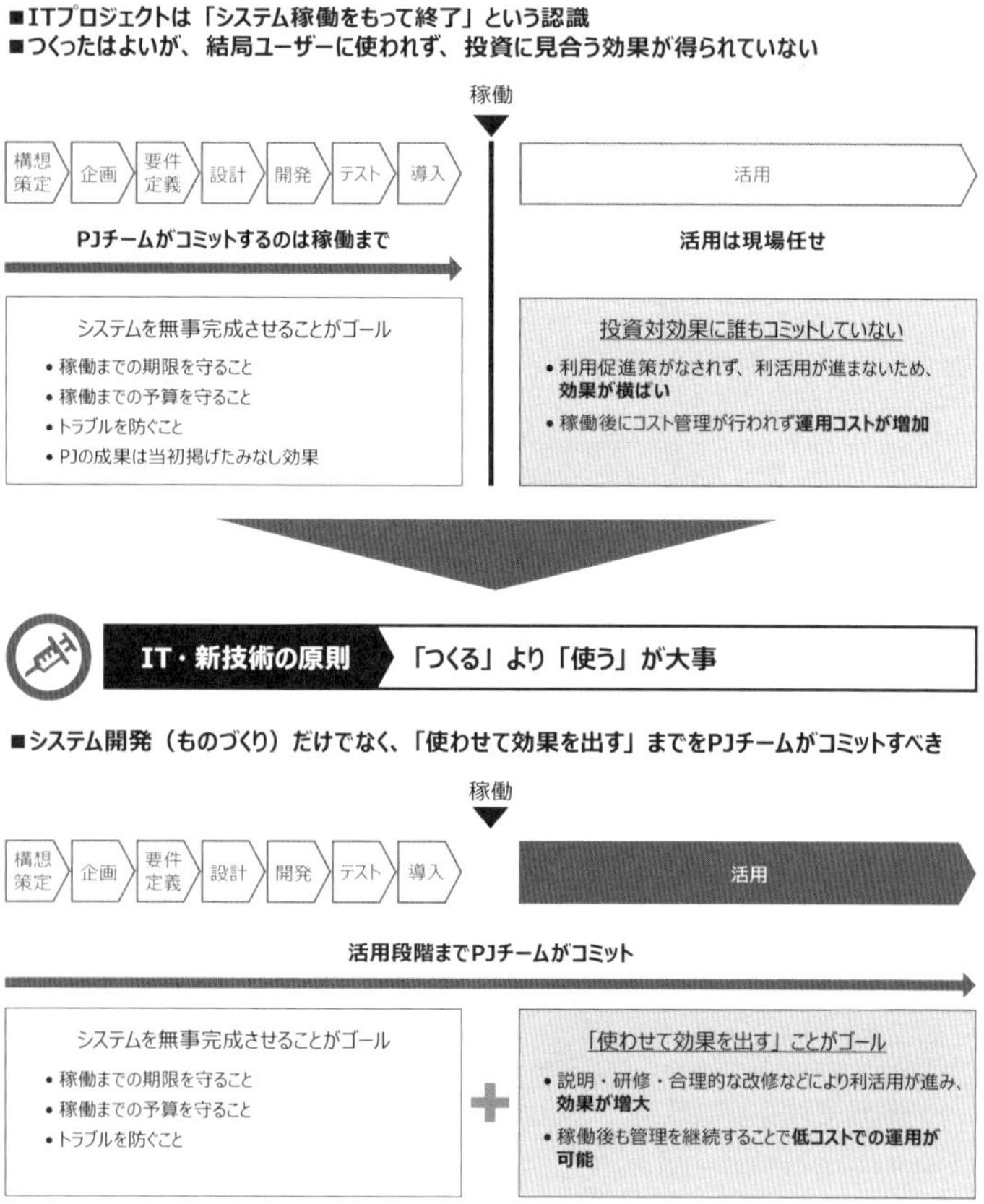
■ITプロジェクトは「システム稼働をもって終了」という認識
■つくったはよいが、結局ユーザーに使われず、投資に見合う効果が得られていない
稼働
構想策定
企画
要件定義
設計
開発
テスト
導入
活用
PJチームがコミットするのは稼働まで
活用は現場任せ
システムを無事完成させることがゴール
• 稼働までの期限を守ること
• 稼働までの予算を守ること
• トラブルを防ぐこと
• PJの成果は当初掲げたみなし効果
投資対効果に誰もコミットしていない
• 利用促進策がなされず、利活用が進まないため、効果が横ばい
• 稼働後にコスト管理が行われず運用コストが増加
IT・新技術の原則
「つくる」より「使う」が大事
■システム開発（ものづくり）だけでなく、「使わせて効果を出す」までをPJチームがコミットすべき
稼働
構想策定
企画
要件定義
設計
開発
テスト
導入
活用
活用段階までPJチームがコミット
システムを無事完成させることがゴール
• 稼働までの期限を守ること
• 稼働までの予算を守ること
• トラブルを防ぐこと
「使わせて効果を出す」ことがゴール
• 説明・研修・合理的な改修などにより利活用が進み、効果が増大
• 稼働後も管理を継続することで低コストでの運用が可能

金融業C社は、会計システムの刷新に当たり、「つくって終わり」にするのではなく「どう使いこなすか」にまで注意を払い、現場を巻き込んだ業務改革を実現した。プロジェクトリーダーを務めたのは、IT部門の人財ではなく、システムを利用する会計部門のキーパーソンである。

プロジェクトの目的は、例外や属人性を排除したシンプルな会計プロセスを実現し、スピードアップと工数削減を同時に追求する業務改革だった。そのために、パッケージソフトをできるだけ標準仕様のままで使いこなすこととし、従来の業務の進め方に合わない部分があれば、業務をパッケージに合わせるように変えることがプロジェクトの基本方針とされた。

これは投資額抑制の観点からも重要だった。パッケージ導入プロジェクトが失敗する原因のほとんどは「業務にソフトを合わせよう」とすることに起因するからだ。ただし、この基本方針にはリスクもあった。投資抑制効果が大きい半面、業務プロセスの変更も大きくなるため、現場の抵抗や定着不足が予想された。

会計部門のプロジェクトリーダーは、ユーザー側のキーパーソンであるだけに、このリスクをよく理解していた。システム稼働後も約1年間プロジェクト体制を解かず、新しい会計システムが着実に現場に定着するための活動を推進した。活動の中心はユーザー講習会の開催だ。プロジェクトメンバーが全国の主要な拠点を行脚し、回り切れない拠点はテレビ会議システムでコミュニケーションを図った。

操作のトレーニングは稼働時に既に実施していたため、講習会ではシステムの使いこなし方を中心に対話した。どのような狙いのもとで、業務の進め方をどう変えていくのか、あくまで業務改革を軸とした内容である。この講習会には、要件を検討し考え抜いてきたプロジェクトメンバーからの発信が必要であり、だからこそプロジェクト体制を継続した。こうした対話を通して、納得感を持って新システムが受け入れられ、活用されるよう努めたのである。

また、講習会は情報収集の場でもあった。単なる不満ではない、前向きな改善提案や課題が多く寄せられた。プロジェクト体制を維持していたおかげで、これらは開発期間中と同様の課題管理、要件検討のプロセスに則って合理的な対応がとられた。通常、稼働後は不具合の対応だけに限定され、改善要望への対応は次回の大規模開発に先送りされることが多いが、C社では本当に不可欠な要件はこの定着期間中に対応を終えた。システム稼働から1年。一部改善を施した新しい会計システムを本格運用し、成果を確認してプロジェクトは終了した。

成功のポイントは、会計部門のキーパーソンがプロジェクトリーダーとしてその指揮を執ったことにある。ＩＴ部門出身ではやはり、「つくって終わり」になりかねない。業務の見直しまで含めた広い視野で「どう使いこなすか」を追求したからこそ、現場の納得感を得ながら投資に見合う成果を上げることができた。

ＤＸにおいても、デジタルツールを「つくる」ことより「使う」ことに大きな価値がある。「つくる」ことは投資であり、投資対効果を追求すべき企業活動だ。「つくる」のは何らかの効果を出すためであり、効果を出すためには「使う」必要がある。ＤＸプロジェクトのゴールは、稼働ではなく、ユーザー部門に使わせる施策を打ち、ユーザーが使うのを見届け、効果を確認することにほかならない。今後、システムの仮想化やデジタルツールのサービス化が進むと、ますます「つくる」より「使う」の比重が大きくなっていくはずである。

習慣病⑱

過剰な完璧主義・安全志向

日本企業におけるシステム開発では、なにより「失敗しないこと」に主眼が置かれている。その結果、開発工程ごとにゲートを設けて、完璧な状態に達していることを確認していく。例えば構想・投資額算定段階では、ソリューション比較、事例収集など、意思決定前の机上の検討に相当な時間を投じる。

設計段階では、要件を固定化することを重視する。そして、それを100％満たすように設計・開発を進め、単体テスト↓結合テスト↓総合テスト↓ユーザーテストと多段階のテストを重ねてリリースする。工程を一つひとつ積み重ねていくことで、大規模で複雑なシステムも開発できる。いわゆるウォーターフォール型の開発だ。

日本企業では、どのようなプロジェクトでもウォーターフォール型で実行される傾向にある。問題の背景には、ユーザー部門とIT部門、外部ベンダーとの関係性がある。ユーザー部門とIT部門は本来パートナー関係であるはずだが、現実にはユーザー部門が発注者、IT部門が受注者という関係になっている。さらに、日本の技術者はベンダーに偏在しているため、ＩＴ部門は外部ベンダーにプロジェクトを委ねる、という発注の連鎖が生まれる。前提条件や要件を正確に定めないと外部への発注が困難であるため、ＩＴ部門はユーザー部門に対して要件の「固定化」を求めるようになる。

このような構造がプロジェクト全体に波及し、前工程を完璧にしてから後工程につなぐウォーターフォール型での推進が常識化し、習慣になっている（**図4-5上**）。

この手法自体は誤りではない。しかし、この手法「のみ」に依存するのはもはや限界だ。導入するツールの特性や目的に応じて、異なる手法も利用できる必要がある。

ウォーターフォール型は工程を積み重ねていく手法だけに、開発途上で方向転換を図ることが難しい。多大な手戻りが発生するためだ。また、最初の構想段階で完璧な検討をしようとするため、開発作業に着手するまでに多くの時間を要する。デジタル技術の進化が速く、新しいツールを迅速に活用していきたい局面では、ウォーターフォール型のみでは対応力に欠ける。

いまの時代、デジタル技術だけでなく、事業環境も時々刻々と変化しており、ビジネスにはスピードが求められる。新しいビジネスに必要なシステムを開発する場合、工程を丁寧に踏んでいく従来のウォーターフォール型では、システムが完成するまで時間がかかりすぎてしまう。要件を完璧に実現したとしても、スピード感を失えば商機を逸しかねないのだ。

アジャイル型でまず推進、「試してダメなら戻せばよい」

大事なのは、失敗を恐れず、まず小さくとも早期にプロトタイプを開発し、実際に使ってみることだ（図4-5下）。システム導入にかかわらず、ビジネスや業務のデジタル化、DXに取り組む場合も、スモールスタートで挑戦し、トライ＆エラーを繰り返していくアプローチの方がよい。変革の幅が大きく、新しい技術や方法が含まれる場合、事前に完璧な設計を行って、変更なしに一直線に進めていくのは困難だからである。パイロットプロジェクトとして適用範囲を限定する、あらかじめ試行用の予算を組んで上限を設定しておくなどリスクをコントロールしていれば、仮に失敗した場合でも損失は限られる。DXで成果を上げている企業では、「まずやってみる。うまくいかなければ、元のやり方に戻せばいい」という思考が組織内に浸透している。

具体的には、「アジャイル型」のプロジェクト推進手法を組織として身に付け、習熟すべきである。IT部門を中心とする開発チームと、システムを利用するユーザー部門が一体になってプロジェクトを推進する体制を築き、まず必要最低限の機能を備えたプロトタイ

図4-5 習慣病⑱ 過剰な完璧主義・安全志向

■「リスクをとってやってみる」ができず、失敗を恐れ、あらゆる案件で必要以上に完璧主義・安全志向

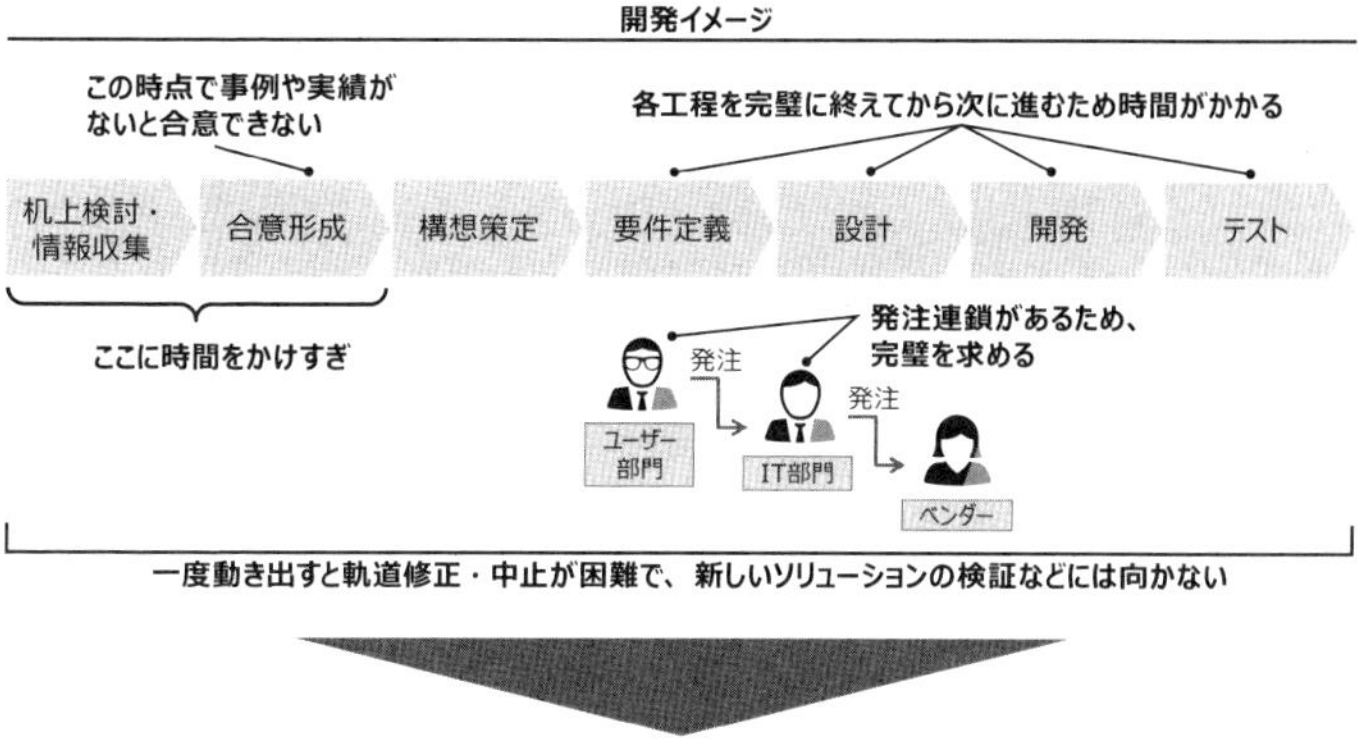

IT・新技術の原則 アジャイル型PJ推進

■「まず試してみる」、「試してダメなら戻せばよい」の思想を持ち、新技術の試用・検証サイクルを短期間で回すべき

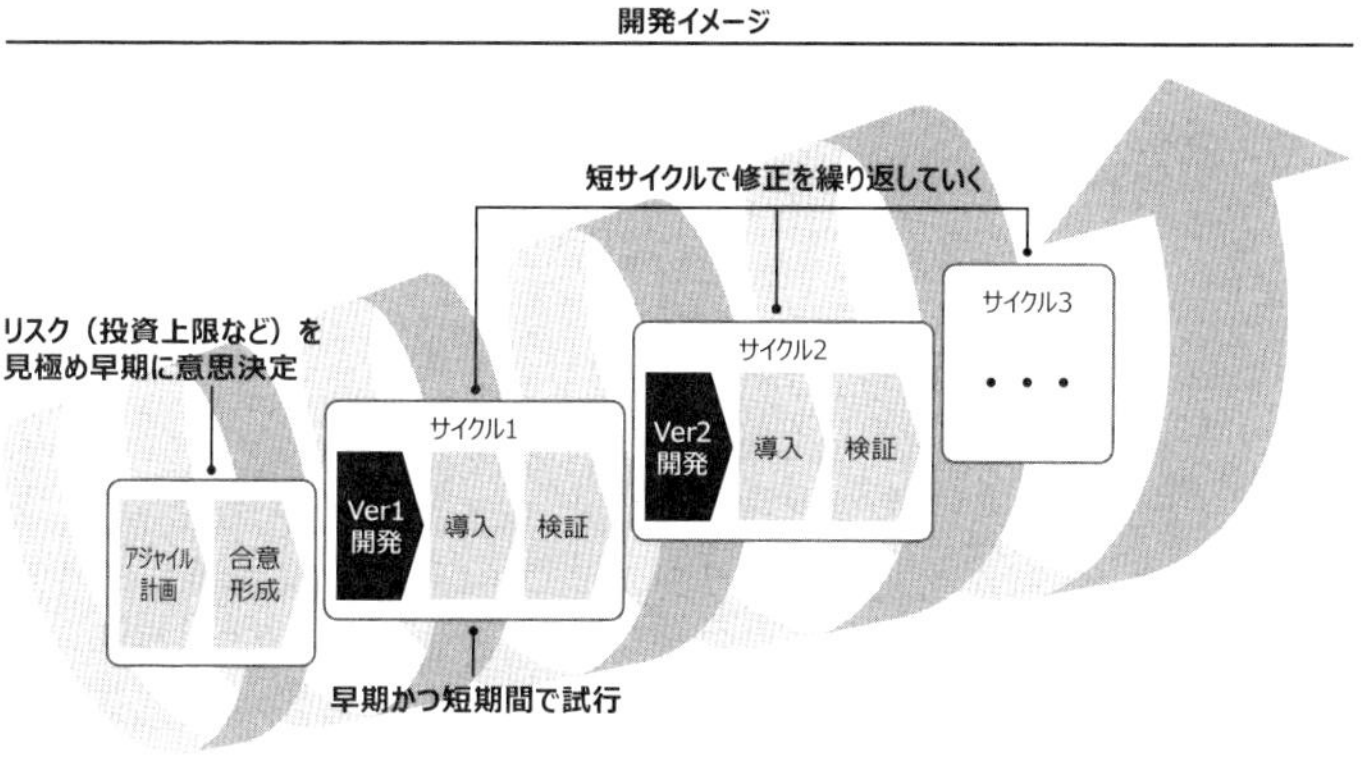

プ・システムをつくって、実際に使ってみる。そして、悪い点は改善し、よい点は強化するという開発、導入、検証のサイクルを短期間で回していく。

「まずやってみる」という姿勢が好結果につながった例として、RPA（ロボティック・プロセス・オートメーション）を取り上げよう。ここ数年でRPAが爆発的に普及し成果を上げているのは、多くの企業が「まずやってみる」という姿勢でソフトウエア・ロボットの活用に挑戦してきたからだ。

RPAの普及過程では、当初、部門ごとに試行錯誤を重ねる時期があった。折しも働き方改革が注目され始め、業務改革によって業務量を減らし、生産性を高めることが強く求められた。企業はその実現ツールとしてRPAを導入したが、働き方を「改革」したといえるほどの成果は上げられなかった。

しかし、そうした時期を経験したことは決してムダではなかった。現場ではRPAへの理解が進み、その活用を検討する過程で「業務の進め方を見直せる」という感覚が身に付いた。その後、RPAツール自体や導入手法が進化したこともあって、改革対象組織で10％を超える生産性向上を実現する企業が現れたが、その成功要因の1つは「組織全体にRPAの基礎知識やノウハウが浸透していたこと」だった。

RPAのように、手軽に使ってみることができるIT・新技術は、今後も次々と登場してくるに違いない。それを現場でまず使ってみて、うまく成果を出せそうならすぐに横展開し、そうでないなら元に戻せばいい。あらゆる場合にウォーターフォールを適用する過剰な完璧主義・安全志向から脱し、アジャイル型の進め方も柔軟に選択できるようにすることが、DXには不可欠だ。

習慣病⑲ 同業他社との横並び

どこを見て仕事するか――。それがいま、問われている。ものづくりにしてもサービスにしても、目を向けるべきは、異業種を含めた広大な市場である。世界のどこかで、競合するとは思ってもいなかった企業が自社の業界に参入してくるかもしれない。調達元や販売先も含め、そうした動向に目を光らせ、変化に敏感でなければならない時代だ。

ところが日本企業は、同業他社ばかりを意識する傾向がある。かつての単一事業の時代に、本業の売り上げや研究開発のみを追求してきたため、同じ業界にしか目を向けず、視野が狭くなっているのだ。その結果、ＩＴ・新技術の活用においても、日本企業は同業他社の動向を様子見している時間が長い。ファーストムーバーとなって失敗するのを恐れ、先陣を切って動き出そうとしない。

一方で、同業他社が動き出すと、慌てて追随しようとする。ＩＴ・新技術が自社にとって本当に必要なのか、必要だとして自社にとってどのツールが最適なのか、そうした点を検討することなく、業界内で後れをとるのではないかという不安に駆られ、後を追う。つまり、業界内でファーストムーバーにはなりたくないが、最後尾にもなりたくない。「自社の業界で事例があるか」だけを見ていればリスクを回避できる、という思考停止状態に陥っているのだ（**図4-6上**）。

しかしいま、経営環境が変化するスピードは非常に速い。競争力の源泉となる技術活用において、狭い業界のなかで同業他社の出方をうかがっているようでは確実に出遅れてしまう。そもそも、業界団体や業法の単位となっている、日本式の「業界」という概念に意味が失われつつあり、業界単位の参入障壁はＩＴや新技術によって瞬時に突破されてしまう。視野を「業界」に閉じているようでは、ＩＴ・新技術を駆使して市場に新規参入してくるデジタル・ディスラプター（破壊的イノベーター）にシェアを奪われかねない。

現場に目を向け、独自開発のアプリでファーストムーバーに

同業他社との横並びを改めるには、何をすべきか。1つ挙げられるのは、業種を超えたネットワークの構築と情報収集であり、ノウハウの活用と共創である（図4-6下）。デジタル時代においては、技術活用は競争力の源泉である。だからこそ、同業種から異業種へと視野を広げてIT・新技術活用の情報収集に努めるとともに、それを使ってサプライチェーンの上流・下流（調達元や販売先）と共創に取り組むなど、自ら新しい事業・市場をつくり出す姿勢が重要である。

業界の横並び意識を捨て、自社なりの判断基準を持つことも求められる。特に最新技術の活用については先行事例が少ない。海外や他業種も含めた動向を踏まえ、自社にとって何が有用かを独自の判断基準で意思決定できるかどうかが成否を分ける。実際に、業界トップクラスの企業は、競合の動向にとらわれない意思決定をしていることが多い。

同業他社との横並び意識を改められれば、思い切った改革に手を付けられる。その一例が、エネルギー会社D社の取り組みである。

エネルギー業界は、小売りの自由化によって激震に見舞われている。地域独占体制は崩れ、サービス面・価格面の競争が始まったことで、目を向ける先を同業他社から市場や顧

図4-6　習慣病⑲ 同業他社との横並び

■**IT・新技術について、同業他社の取り組み状況・実績しか見ていない**

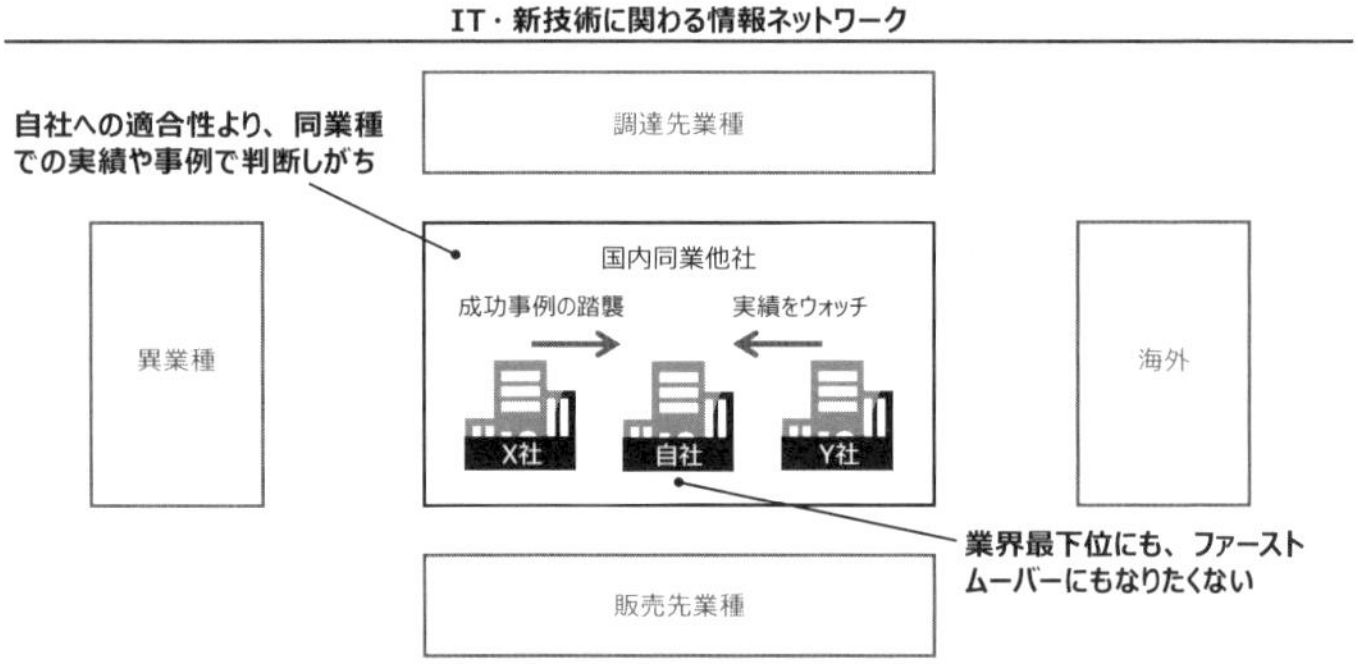

IT・新技術の原則　**業種を超えた情報収集・共創**

■**技術活用を競争力の源泉と捉え、視野を広げて情報収集し、業種を超えて共創することで自ら事業・市場を創造するべき**

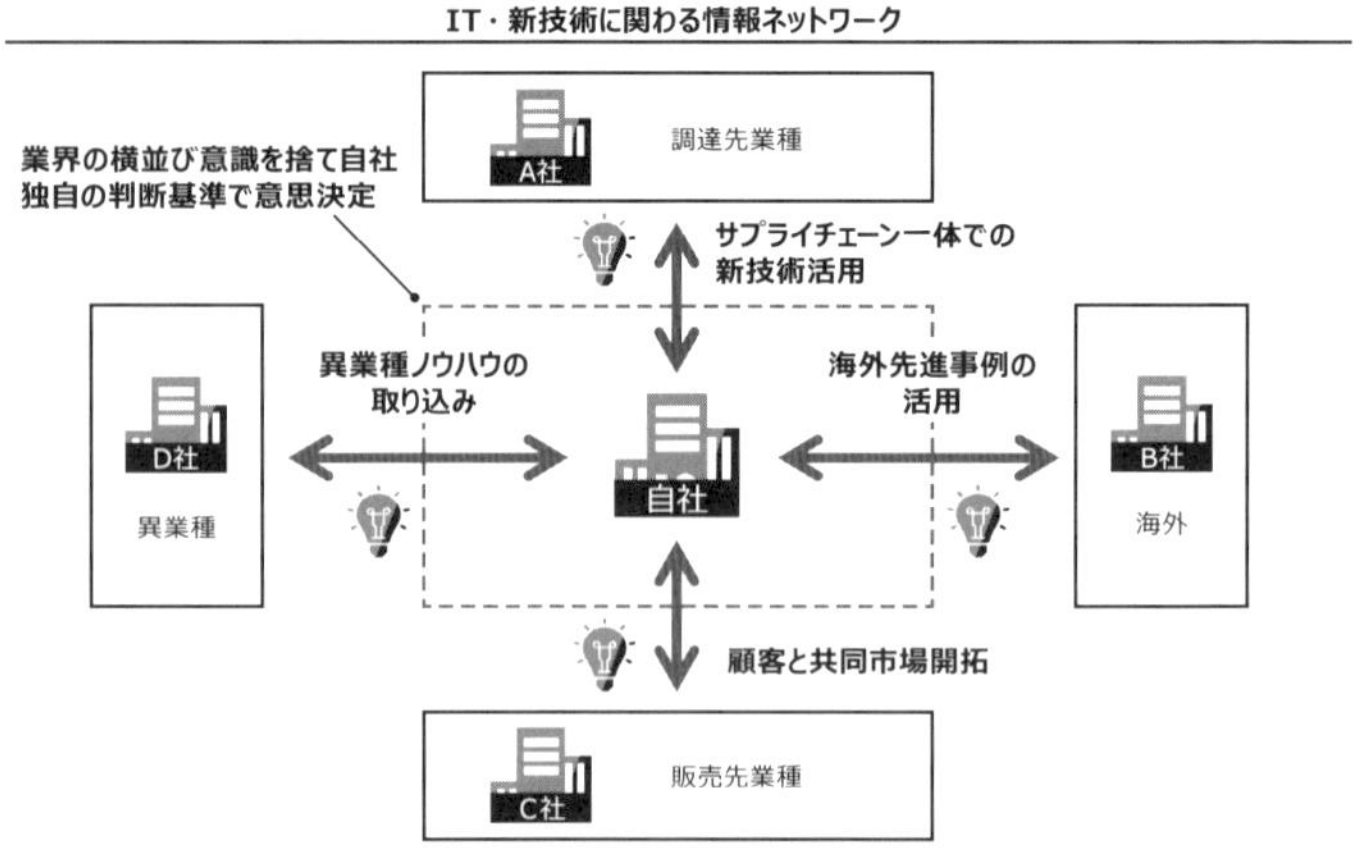

客、ビジネスの現場に変えざるを得なくなった。

そうしたなか、D社は現場の業務に目を向け、検針業務の効率化に乗り出した。スマートフォン向けの専用アプリケーションを独自開発し、それを検針現場で活用するやり方に業務を改めたのである。経営層はデジタル技術の活用によってビジネスのスピードアップやコストダウンができることを共通認識として持っており、それが的確な意思決定につながった。

同社が開発したアプリは、検針の現場でメーターのQRコードを読み取り、契約者のデータを画面上に呼び出してから検針値をカメラで撮影する、という手順で利用する。モバイルプリンターを使って、現場で検針票を印刷できるようになったため、オフィスに戻ってからの事務処理は90%削減された。

注目したいのは、D社がこのアプリを同業他社にも提供し、いまではソリューションビジネスにも乗り出している点だ。横並び体質の強い業界のなかから、「ファーストムーバー」として抜け出たのである。ITを効率化の手段としてだけでなく、競争力の源泉として活用し始めたD社は、自由化に伴う競争激化のなかで競争力を高め、成長を続けている。デジタル技術の活用を事業構造の改革にまでつなげたDXの好例といえる。

習慣病⑳ ベンダー依存体質

日本企業は伝統的にシステム開発や保守・運用のほとんどを「社外のＩＴベンダー」に外注してきた。ＩＴベンダーの持つ専門ノウハウを活用しようという発想だが、この章の冒頭で述べたように、ＩＴを技術と捉えず外部から調達すればよい「モノ」と考えており、社内に人財も確保できていないため、そうせざるを得なくなっている面がある。

その結果、日本企業は深刻な課題を抱えている。「どこからどこまでの業務を社内でやるのか／外注するのか」という方針が不明確で、本来は社内で検討すべきことまでベンダーに「丸投げ」してしまい、自社にノウハウが蓄積されないことだ。

例えばシステムの企画・構想では、複数のストーリーをベンダーにつくらせ、その提案内容を評価し選ぶだけになっているＩＴ部門も多い。設計・開発段階になると、ＩＴ部門が中身の妥当性を検証できず、「ベンダーとの契約を管理する窓口」にすぎなくなっているケースすらある（**図4-7上**）。

さらに運用・保守は、開発ベンダーにそのまま、長期間にわたって委託することが多い。

その結果、ＩＴ部門の業務にベンダーの役割が固定的に組み込まれてしまい、リスクや問題が顕在化しても簡単にベンダーを切れない状態になっている。運用・保守費用に関しても固定費と捉える傾向があり、一度委託したらベンダーの役割や費用の妥当性を見直すこともない。

企画・構想から運用・保守に至るまで、ＩＴに関する業務依頼先の多くは特定のベンダーである。競争原理が働かず、選択肢も狭まる。そうしたベンダー依存の構造は、長い目で見ると、自社の競争力を低下させ、費用を増大させる要因となる。

発注方針を定め、ベンダーとの役割分担を明確化

徹底すべきＩＴ・新技術の原則は、ベンダー依存体質から脱却し、自社主体のＩＴ推進プロセスを確立することである（図4-7下）。外注を全廃するのではなく、自社が根幹部分をコントロールしたうえで、外注した方が合理的な工程のみを外部に委託するのだ。自社のビジネスに適合し、その価値を高めるＤＸを実現するには、これが不可欠だ。

企画・構想は、必ず自社主導で進めるべきだ。専門的な技術や知見が必要なときは、その知見に限定してＩＴベンダーを活用すればよい。設計・開発では、作業部分は外部に委

図4-7　習慣病⑳ ベンダー依存体質

■「内（に持つべきノウハウ）」と「外（に持つべきノウハウ）」の基本方針が確立されておらずベンダー任せになっている

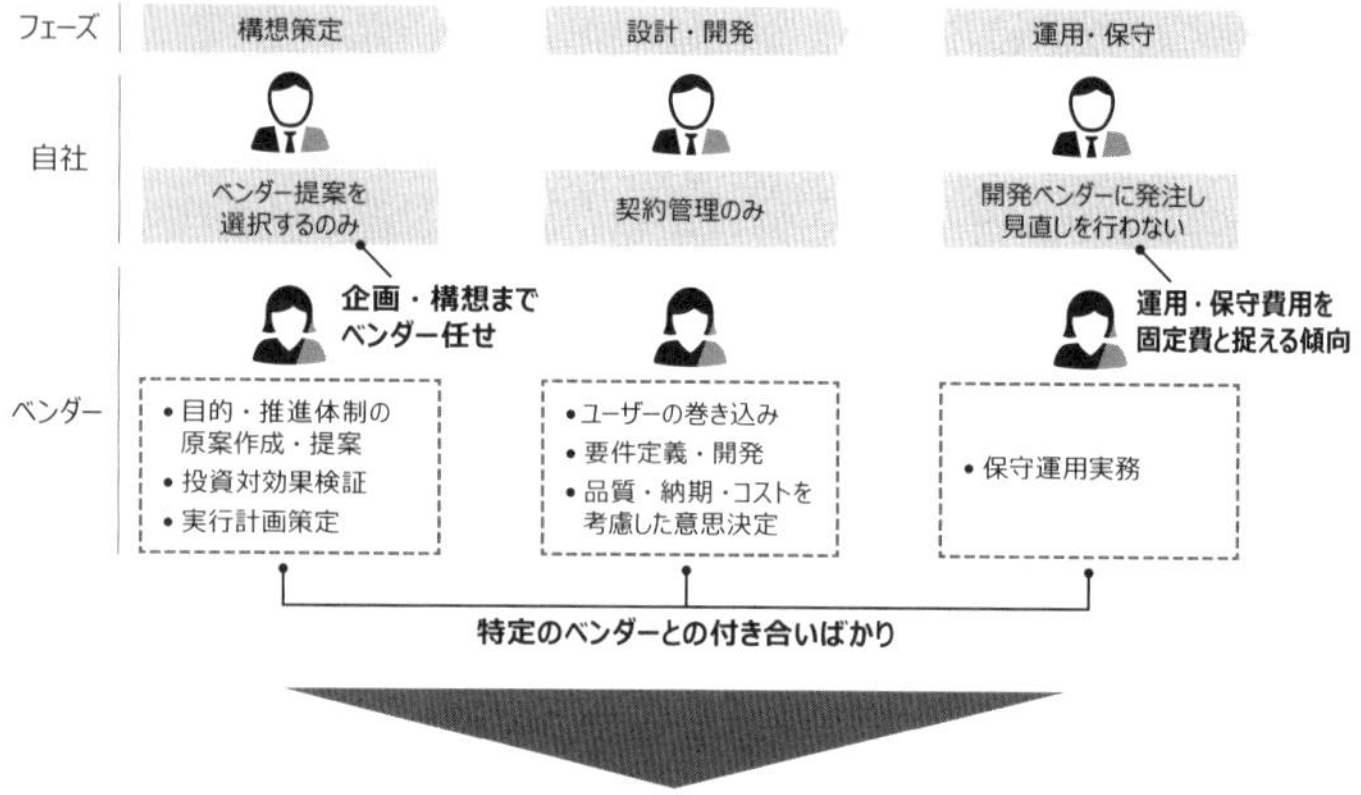

IT・新技術の原則　自社主体の推進プロセス確立

■構想策定から自社で主導し、必要な情報・開発リソースを必要な分だけ最適なベンダーから調達すべき

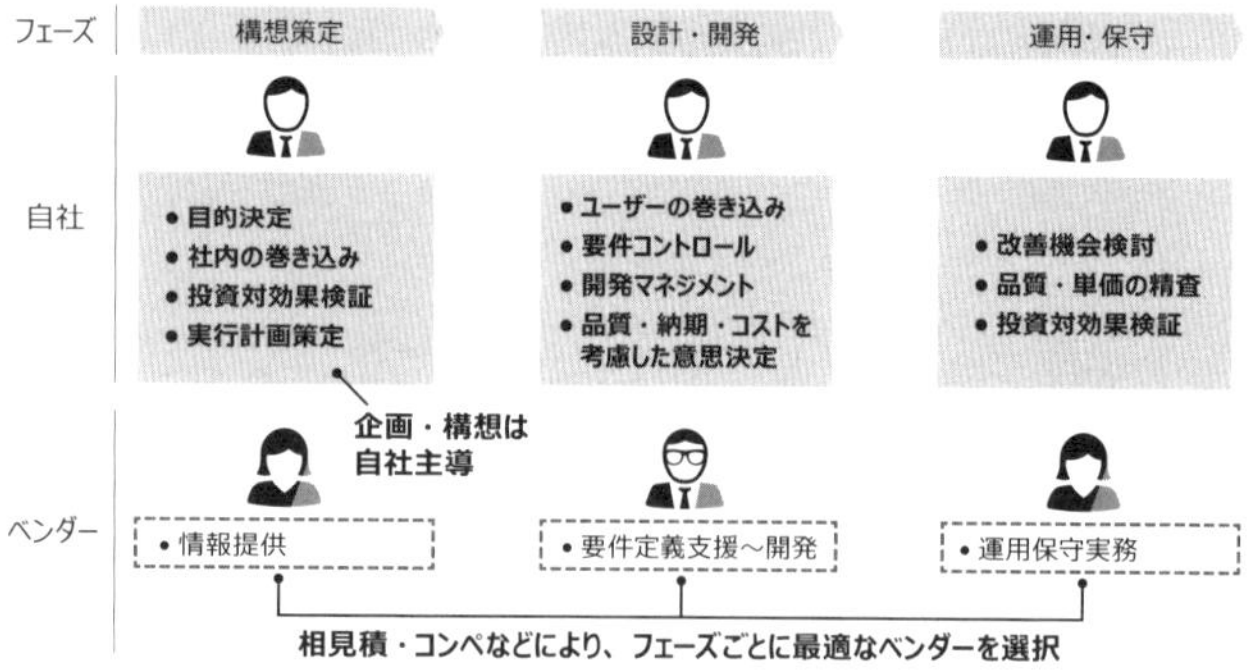

託すればよいが、ユーザーの巻き込みや要件のコントロール、開発マネジメント、品質・納期・コストを考慮した意思決定は、自社で責任を持って行うべきである。

設計・開発や運用・保守を委託する際は、相見積もりの取得をルール化し、一括ではなく工程ごとに最適なベンダーを選定するのが原則だ。また、長期にわたって継続する運用・保守では、定期的な費用対効果の検証が必要になる。合理的な選定の結果として特定のベンダーが欠かせない「パートナー」となった場合でも、一定の緊張関係を維持するためである。こうした原則は、ほかのサービスの調達であれば当然行われているものだ。IT調達を特別視する必要は全くない。

ITベンダーとの関係を抜本的に見直した金融業E社の事例を紹介しよう。同社は以前、ITベンダーと良好なパートナーシップを構築するため、ITベンダーごとに交渉担当者を置く「ベンダー担当制」を敷いていた。だが、いまはそれを全廃し、ベンダーとの交渉を相見積もりなどのルールに基づき進める体制に改めている。

改革のきっかけは、IT投資の肥大化だ。ITベンダーごとに担当者が固定化されていると、人間関係を保ちやすい半面、どうしても緊張感が薄れてしまう。特に経験が浅い担当者は、ベンダーの主張を疑わずに受け入れやすく、費用や品質に関する交渉が甘くなっていた。E社は、それがIT投資肥大化の一因であり、デメリットの方が大きいと結論づけた。

まず、自社とＩＴベンダーの役割分担を明確にした発注方針を定めた。「なぜ社外のベンダーに委託する必要があるのか」を合理的に説明できなければ、外注プロセスが進まないようにした。

次に、ベンダーごとではなくシステムやプロジェクトごとにＩＴ担当者を置き、固定化の弊害を防ぐため、一定の期間でローテーションさせることとした。また、発注時に必ず相見積もりを取ることに加え、発注仕様に盛り込む共通項目を新たに定めるなど、発注段階で守るべきルールを整備した。

費用や品質を検証する仕組みも新設した。過去の発注単価などの実績をデータベースに蓄積し、発注時にはそれを基に発注単価の妥当性を検証する。同業他社との情報交換などで得た「相場」の情報も活用している。プロジェクトの終了後には、成果物の品質を社内で評価し、データベース化している。この情報も次の発注時に利用する。

さらに交渉担当者を、現場レベル（プロジェクトマネジャーなど）、部長、役員の３段階に設定し、取引額が大きいプロジェクトでは、役員が自ら交渉に当たるルールを定めた。条件変更をその場で判断できる立場の人間が交渉に臨めば、より有利な取り引きを迅速に成立させられる可能性が高まるからだ。

一連の改革によって、E社はIT投資の肥大化を食い止めただけでなく、企画力、プロジェクトマネジメント力、IT・新技術に対する目利き力など、DXの根幹を支える能力を社内に蓄積できるようになった。こうした能力はいま、顧客接点の高度化をはじめとするビジネスのDX推進の基盤となっている。

習慣病㉑ 低いIT・デジタルリテラシー

日本企業の経営者は総じて、ITと経営を切り離して考え、ITへの理解を深めようとしない。横文字の専門用語・技術用語が多く、IT部門にはそれらを「経営の言葉」に翻訳する能力はない。その結果、経営者は、重要な経営資源の1つであるにもかかわらず、ITだけを特別視し、専門家任せにしてしまう。そのため、IT投資案件を前にしても妥当性を判断できず、投資額や過去の実績で判断せざるを得ない。

これは経営者に限らず、ユーザー部門の担当者にも共通する。ITを敬遠する姿勢が強く、ＩＴ・デジタルリテラシーが総じて低いのが実情だ（図4-8上）。システム開発プロジェクトに関わってはいるものの、あくまで「要件を出す側」として参画している。主体的には関わらないため、ＩＴの知識だけでなくプロジェクトの進め方も身についていない。

また、業務で利用するＩＴツールをユーザー部門自身が選ぶ場合でも、効果やリスクを考慮して最適なＩＴツールを選ぶには知識が不足している。デモンストレーションの面白さがツール選定の決め手になっていたり、単純にツールの金額だけで選んだりしているのが実態である。

いま、ＩＴ・デジタルはビジネスのあらゆる場面と密接な関係を持ち、全社的にＩＴ・デジタルリテラシーが必須であるにもかかわらず、どの部門・階層でもいまだにリテラシーは低い。こうした現状が、デジタル技術を活用した業務改革や企業変革の足かせとなっている。

「まずは全役員から」、リテラシー向上策を全社で推進

必要になるのは、ＩＴ・デジタルについて「触れる・学ぶ・経験する機会」の拡充である（図4-8下）。例えば経営層向けには、経営会議で定期的にＩＴ関連の勉強会を開いた

図4-8 習慣病㉑低いIT・デジタルリテラシー

■「ITは特殊なもの」という固定観念から、全社的にIT・デジタルリテラシーが低く、向上意識・向上機会もない

IT・デジタルリテラシーの現状

経営層	• デジタルの「本質」*を考えられておらず、事業・業務への影響度を想像できない *人とデジタルの役割、顧客ニーズへのリーチ、競争優位の形成など • ITコスト感がないため、総額や前例でしか判断できない • IT部門任せであり、学ぶ場・機会がない
ユーザー部門	• 現場にITの知見者がおらず、事業・業務とITを結び付けられない • 要望を出すだけでPJに主体的に関わらないため、PJの進め方が身につかない • 教育体系にIT要素が含まれておらず、基礎知識がない
IT部門	• 事業・業務視点での発信力や提案力が不足している • 多忙を理由にIT部門内に人を抱える傾向が強く、自社の事業や機能の知見者がいない

IT・新技術の原則 IT・デジタル活用機会の拡充

■あらゆる階層に対して触れる・学ぶ・経験する機会を拡充することで、全社的なIT・デジタル活用力を向上させるべき

IT・デジタル活用機会の拡充策例

経営層	人財交流	役員登用過程でのIT部門経験の必須要件化
	教育	経営会議などで定期的にITによる事業・業務変革の事例のインプット
	責任・権限	IT投資の目的や費用対効果を議論しコミットするIT戦略会議の組成
ユーザー部門	人財交流	IT部門との人事ローテーション
	教育	教育体系の整備
	責任・権限	ITプロジェクトの成果へのコミット、エース級人財のアサイン デジタル推進組織の新設
IT部門	人財交流	IT人財の他部門への積極的な輩出
	教育	提案・説明力の研修と実践

り、役員に登用する際の必須要件の1つに「IT部門の経験」を加えたりすることが考えられる。ユーザー部門向けには、IT・デジタルの最新動向を知り、ユーザーとしてのデジタル活用構想力を磨く、いわゆる「DX研修」を行う企業も出てきている。また、ITプロジェクトへの参画やその成果にコミットする実経験は、何よりリテラシーを高める最善の機会となる。

実際にITリテラシーを高める必要性を感じ、その底上げを図ろうと、新しい取り組みを始めた企業がある。サービス業F社では、まず経営レベルでIT・デジタルに関するインプットの機会を強制的につくろうと、毎月開催する役員会の冒頭1時間を「IT・デジタル勉強会」に当てている。そこでは社外から講師を招き、最先端のデジタル技術とその活用事例を学んでいる。さらに、全社員にDXのeラーニングを必須とし、専任チームによって社内メディアにデジタル活用をテーマとするコラムを掲載するなど、情報発信にも注力している。

IT・デジタルリテラシーを高める手段には、コンテストの開催もある。製造業G社では社内でRPAの導入を競い合うロボットコンテストを開催し、優秀な成果を上げたチームを経営層が評価・表彰している。

評価の対象は、ロボットの仕様だけではなく、どのような着眼点で開発され、どのような成果を上げているかという点である。そのため、ビジネスや業務を改革しようとする目や、改革を実現するにはどのような技術をどう活用すべきかを見極める力を問うている。この「見極める力」こそ、IT・デジタルリテラシーの本質である。

参加チームのメンバーはもとより、評価・表彰する経営層にも豊富なIT・デジタルリテラシーが要求される。コンテストを通じて、参加チームと経営層がお互いのリテラシーを引き上げ合う、という好循環を生んでいる。

IT・デジタルリテラシーというと、技術面の知識と解釈されることが多いが、それはごく一部にすぎない。ビジネスや業務の観点から技術をうまく活用しようとするセンス、使えそうなツールや技術を敏感にキャッチするアンテナ、成果を生み出すために求められるノウハウなど、技術面の知識以外にも重要な要素が含まれる。これらは座学型の研修だけで身に付けるのは困難なだけに、コンテストのようなアウトプット型の取り組みが欠かせない。

DX推進上の課題を調査すると、「経営層の無理解」、「デジタル人財不足」が必ず上位に並ぶ。根底にあるのは、明らかにIT・デジタルリテラシー不足である。先進企業の経営層の多くが、「IT・デジタルリテラシーは、例えば財務諸表の基礎や、PCスキルと同様に、ビジネスパーソンの常識となっている」と語る。全社的なリテラシーの底上げはDX

成功の必要条件である。

第5章

変革を遂げた先進6社の取り組み

CxOが語る企業変革の軌跡

5-1 あいおいニッセイ同和損害保険

従来の常識を超える発想転換で変革を推進 DX推進担当を起点に業務効率3割アップへ

あいおいニッセイ同和損害保険は、MS&ADインシュアランスグループの中核となる事業会社だ。将来への危機感から、既存業務の効率化と新ビジネスの創出に向けたデジタル変革に挑む。RPA（ロボティック・プロセス・オートメーション）やワークフロー、AI-OCR（光学的文字認識）などのデジタルツールの活用を軸としたDXプロジェクト（デジタル・トランスフォーメーション・プロジェクト）に取り組み、第1段階として2021年度までに本社部門の既存業務を3割減の人数でこなせるようにし、最終的には現場を含めた業務を抜本的に見直すことが目標だ。

この改革のトップに立つ代表取締役副社長の黒田正実氏は「コロナ禍のいまこそ仕事を見直す好機」と意気込む。

従来の仕事を抜本的に見直すには、発想の転換が欠かせない。しかし現状にとらわれると、既存の枠組みを超えるような自由な発想ができなくなる。

DXプロジェクトの旗振り役である代表取締役副社長の黒田正実氏は、その一例として全国各地に置く損害サービスセンターの業務を例に挙げる。

損害サービスセンターとは保険加入者の事故対応に当たる拠点だ。あいおいニッセイ同和損害保険では従来、全国各地のサービスセンターでその地域の事故事案に対応していたが、昨今の激甚化する自然災害対応を各地で対応するには限りがあり、特定の拠点に集約し効率化・デジタル化を進めている。

ところが黒田氏は、事案を集約してデジタル処理するのはいいが、それをわざわざセンターでやる必要があるのかどうか、さらに検討をすべきだという。紙の書類をなくして、日本全国各地の社員が自席や在宅で作業するという方法でもいいかもしれない。もっと自由に発想してほしい、というわけだ。

しかし、これまでの常識を覆すのは案外難しいもの。「現状の仕事をよく知っていて、それが当たり前だと思い込んでいると、飛躍的な発想が出てこない。出てきたとしても、『こういう発想はきっとだめだろう』と自分で抑え込んだりしてしまう。その枠をどう飛び越えるかが問われる」（黒田氏）

デジタルで業務の効率化を図り、経営資源を新ビジネスの創造に

あいおいニッセイ同和損保が目下取り組むＤＸプロジェクトは、社員が仕事の進め方を見直すなかで自ら設けてしまいがちなその枠を飛び越えるための機会としても位置づけられる。「人材育成のやり方として、通常は現場で仕事を経験させながら育てている。それと同じように、イノベーションを起こせる人材を育成するには、小さくともイノベーションを経験させるほかない。具体的な案件を前に、『どうせ考えるなら、ここまで飛躍してみろ』とでも言わない限り、社員はピンとこない。そしてその案件を通して実際に『変えてよい』『変える』ことを経験させる。決して効率はよくないが、経験を積むなかで理解してもらうのが一番だ」と黒田氏は話す。

スタートは、２０１６年。あいおいニッセイ同和損保は、第４次産業革命が叫ばれるなか、産業社会で何が起きているか、警戒すべき動きは何か、ビジネスチャンスを得るために活用できそうなデジタル技術は何か、を調査・研究するプロジェクトチームを立ち上げた。

背景には、時代の変化に対する危機感がある。

１つは、モノに対する保険である損害保険が、デジタル技術の進歩によって今後どうなっ

写真5-1　「コロナ禍のいまこそ仕事を見直す好機」と意気込む、あいおいニッセイ同和損害保険の黒田正実代表取締役副社長

ていくか、という問題意識に根差す。黒田氏は「例えば、自動車の自動運転技術が実用化されると、従来の自動車保険は要らなくなるかもしれない。また、あらゆるモノをインターネットでつなぐＩｏＴ（モノのインターネット）化によって、工場の設備にはセンサーが取り付けられ、故障の予兆を検知できるようになってきた。そうなると重大な故障が起こらなくなり、設備に対する保険が要らなくなるかもしれない。モノに対する保険は、そのモノが進化すると、場合によっては不要になる。第４次産業革命は損保業界のあり方を根本から変えてしまう」と指摘する。

もう１つは、自然災害の激甚化である。

近年の台風などによる大規模な被害によって、保険金の支払い額が莫大な規模に膨らんでいる。しかし、だからといって保険料を大幅に引き上げるわけにはいかない。自らの経営効率が悪ければ、お客様に保険料の値上げを求めにくい。よって、業務を効率よくこなすことに真剣に取り組まない限り、自然災害の激甚化には対応できない。

これらの課題を乗り越えるには、まずＲＰＡ（ロボティック・プロセス・オートメーション）やワークフロー、ＡＩ（人工知能）などのデジタル技術を活用し、従来の仕事をより少ないヒト・モノ・カネで進められるように抜本的に見直すこと。そして、経営資源を従来の仕事からより高付加価値な仕事に振り向けていくことが重要だ。しかもそれは、ＤＸプロジェクトを一度断行するだけで成し遂げられるものではない。

目指すゴールを黒田氏はこう見据える。「次から次へとやって来る時代の新しい変化に、常に自律的に適応していける組織体にならなければいけない。そうなるには、企業の体質そのものを進化させることが不可欠だ。そこを、最終的なゴールと考えている。そのためには目の前の仕事の本質的な目的を理解し『やめる』『へらす』『(紙を) なくす』ことができないかを常々考えることが大切だ」

だからこそ、冒頭で述べたような社員一人ひとりの意識改革・スキル向上を求める。「日本は戦後の経済成長以降ずっと発展を続けてきた。よいものを作れば売れる時代で、同じ事業のなかで改善を加えて品質・生産性を高めることを追求してきた。結果として、日本の企業では、通常の仕事を進めていくうえで必要な仕組みが、きめ細かく整えられている。長らくそれに依存してきたゆえに、環境変化が起こったとき、適応行動が遅れてしまう。新しい環境にどう対応すればいいのか、既存の仕組みにとらわれず、社員一人ひとりが仕事の目的や世の中の動向に照らして『よりよい方法』を考えられるようにならないと、タイムリーな適応行動を取れない」（黒田氏）

現場型から直下型にアプローチを変更、RPA導入前にまずBPRを

2017年には、その前年に開始した調査・研究の成果を踏まえ、RPAのPoC（概念実証）に乗り出した。そこで、デジタルツール活用の正しい進め方を学んだという。当時、このプロジェクトを担当していたのは、経営企画部プロジェクト推進グループ。同グループが社内の事業部門からロボットの活用を希望する業務を募ったところ、現場から寄せられたアイデアはすぐに1500件に達した。これらの声を基に、各事業部門に1体ずつ計30体のロボットを開発し稼働させた。

ところが、PoCを通じてRPAの威力を社内で共有できたものの、既存業務の効率化

という狙いに対する効果は小さかった。業務プロセス全体を見直すことなくRPAの導入に踏み切ったため、結果としてその適用対象が限られたからだ。

黒田氏は「現場から上がってきた声に応えているだけでは、現場のいまの不自由を改善する現状業務ベースの自動化にすぎず、大きな効率化につながらない。RPAを導入するときには、RPAで大きな効果の得られそうな業務プロセスをその適用対象として選び出し、BPR（ビジネス・プロセス・リエンジニアリング）を同時に実施してデジタルを前提とした業務プロセスに抜本的に見直すという手順が欠かせない」と、当時を省みる。

重要なのは、デジタルツールの活用によってどのような成果を上げられるか。デジタルツールの活用という「手段」が「目的」になってしまっては、本末転倒である。「ツールさえ使えば何か物事が解決するわけではない。ツールはあくまでツール。どの程度の効果を得られるかは、それを使う人の腕次第だ。腕の差とは、業務の目的に照らして仕事の進め方をゼロから見直し、どのようにデジタルツールを使えば最も効率化できるかを考えられるかどうかだ」。黒田氏はこう指摘する。

2018年4月からは、PoCでの経験を踏まえ、体制と推進方法を一新した。あいおいニッセイ同和損保は、黒田氏をオーナーとするプロジェクトチームを立ち上げ、このチームと新たに参画したアビームコンサルティングが協力してBPRとRPAの導入を進めることにした。現場主導の推進方法も改め、大きな効率化が見込めそうな業務に狙いを定めるトップダウン型（直下型）に変更した。

プロジェクトチームの半数は、中途採用したIT人材が占める。「ロボットの開発を全て社外のITベンダーに任せてしまうと、社内にはノウハウが何も蓄積されない。ある程度のことは社内で考えられるように、また簡単なロボットは社内で開発できるような体制を整えたかった」。IT人材確保の狙いを黒田氏はこう語る。

プロジェクトの対象としたのは、コンプライアンス、経理、人事、業務統括、営業統括、商品、コンタクトセンターという本社部門。2018年度、19年度の2年間にわたって、業務プロセスをまず見直し、プロセスの一部をロボットに置き換えることで、200人量（1人量＝1680時間分の仕事量）弱相当の余力創出効果を上げることができたという。

各事業部門にDX推進担当を、やる気をそがない人事評価へ

黒田氏の狙い通り、プロジェクトの経験は意識改革につながっている。「プロジェクトを始めた当初は、ロボットに何をやらせられるかという発想だった。しかしいまは、RPAの導入を考えるより前に、この仕事の本質は何かという観点から、どの無駄な作業を省け

るかという発想に立てるようになった」（黒田氏）

こうした成果を踏まえ、２０２０年4月にはさらに、これらの改革を全社に展開する体制を整えた。経営企画部内でプロジェクトを主導してきたグループを「業務プロセス改革部」という1つの部門に格上げしたのである。それによって業務プロセス改革そのものを、時限的なプロジェクトにおける特定メンバーだけの取り組みではなく、全社で取り組むべき恒常的な活動として位置づけ、複数の部門にまたがる業務プロセスの改革にも乗り出せるようにした。

部門を新設するのに合わせて、各事業部門に1人ずつ、DXプロジェクトの推進を担う「DX推進担当」を新しく任命した。文字通り、各事業部門におけるDXの旗振り役である。業務プロセス改革部との兼務でその職務に当たる。

「DXの取り組みは本来、各事業部門の社員がやるべきもの。業務プロセス改革部のメンバーがこれまで蓄積してきたスキルやノウハウを各事業部門の社員に移転する必要がある。それを受け止め、部門内に広めていく存在としてDX推進担当を置いた。業務プロセス改革部や私が口を出さなくても各事業部門が自ら業務プロセス改革に取り組めるように、これらの人材を育てていきたい」。黒田氏はこう抱負を語る。

各事業部門でDX推進担当を任命するのは、部門長だ。黒田氏はその任命を前に、部門長に対してこう檄を飛ばしたという。

「いまより3割少ない人数で業務に当たることを考えてほしい。そこまで減らすとなると、RPAやAIを活用しながら仕事のやり方を抜本的に見直さなければいけない。それだけのことを、あなたの右腕として考えられる人材を任命してほしい」

黒田氏は各事業部門の部門長に対して適任者を任命するよう働きかけるとともに、DX推進担当に任命された社員がその職務を全うできるように、もともとの職務に対する考課と同程度の重みを持たせるように人事評価の仕組みを整えた。

社内では通常、兼務者に対する人事評価はもともといた部門の所属長が担う。DX推進担当であれば、所属する事業部門の部門長だ。ところがDXプロジェクトで大なたを振おうとすると、部門長と衝突する場面も予想される。そのため、従来の評価制度のままでは、DX推進担当の働きは正当に評価されない恐れがある。

そこでDX推進担当に限っては、その働きを業務プロセス改革部の部門長が事業部門の部門長と同程度の重みで評価できるような仕組みに改めたのである。黒田氏は「DX推進担当を会社として命じている以上、その働きをどう評価するかが問われる。時には所属する事業部門から嫌がられるような抜本的な改革への取り組みを評価しないようでは、誰もDXの担い手にならないだろう。業務プロセス改革を各事業部門に根付かせようとするなら、会社として人事評価の仕組みにも手を入れていかなければならない」と強調する。

コロナ禍で見直しの好機到来、営業部門も改革を加速

新体制のもと、目標に掲げるのは、先ほどの黒田氏の言葉にもあるように「2021年度までに3割減の人数で業務をこなせるまで効率化すること」。DXプロジェクトの対象とする本社部門の従業員数は現在、約3000人。その3割ということは、900人量相当にあたる。もっとも、そのうち200人量相当分の余力創出は、2018年度以降、本社部門の一部を対象に業務プロセス改革を進めるなかで既に達成済み。2020年度、21年度の向こう2年間で、残る700人量相当分の余力創出を果たすことが、事実上の目標になる。

黒田氏はその先に、営業部門などの現場への展開を見据えている。損害保険会社のビジネスは、お客様と直接接点を持つ損害サービス部門、代理店を支援・育成する営業部門、これらの現場第一線をバックアップする本社部門という、大きく3つの組織体で成り立っている。黒田氏は「これをどう見直すと、お客様・代理店にとっての価値が高まり、会社にとって効率のよいものになるか、真剣に考えなければならない」と胸の内を明かす。

ただし、お客様・代理店は社外の存在だ。会社側の意向を一方的に押し付けるわけにはいかない。理解を得ながらどう進めていくことができるかが、最大の課題になる。

そこをいま、改めて考え直す局面を迎えている。新型コロナウイルスの感染拡大を背景とするリモートワークの常態化だ。

従来は、お客様・代理店を訪問しやすいように、地域ごとに損害サービスセンターや営業課支社を置いている。しかし、お客様、代理店、損害サービスセンター、営業課支社が互いに離れていても、ネットワーク（オンラインコミュニケーション）を通じてお客様サポート・代理店支援が成り立つとなれば、わざわざ地域ごとに拠点を置く意味が問われる。黒田氏は「サービス水準を維持・向上させつつ、業務の効率化を図ることができる業務のあり方はどのようなものか、今後デザインしていかなければならない」と語る。

現場第一線のビジネススタイル変革は、もともと本社部門の改革が一段落ついてから着手する予定だった。ところが、コロナ禍によってリモートワークを強いられた結果、図らずも、ＩＣＴ（情報通信技術）を使って仕事の進め方を見直すと効率化につながることが明らかになった。この経験をあらゆる社員が共有したいま、業務プロセス改革・ビジネススタイル変革は間違いなく進めやすくなっている。

黒田氏は時代の追い風を感じながら、新しい業務のあり方のデザインは、このコロナ禍のタイミングを逃すべきではない。取り組みを加速させていく」と明かす。

一方、業務プロセス改革と対になる新ビジネスの創出は、経営企画部内の担当グループでこれまで通り取り組んでいるところだ。「これまでと違って社外のアライアンスパートナーの力を積極的に借りるなどして、業界を超えて情報を集め、ヒントを得ながら、新しいビジネスモデルを生み出していこうと、トライアル&エラーを重ねている」。黒田氏はその現状をこう説明する。

仕事の新しい進め方にしても、将来に向けた新ビジネスにしても、発想するのはデジタルツールではなく、あくまで人間だ。枠を飛び越える経験を積ませながら、必要な人材をどこまで育成・確保できるか――。あいおいニッセイ同和損保のDXは、社員一人ひとりの変革によって成し遂げられていく。

5-2 ブラザー工業

縦割り業務や会議のムダを徹底排除 業務の「見える化」で社員の改革意識も促す

プリンターや複合機を中心に製造・販売するブラザー工業。グローバル展開が進み、海外売上高比率は8割を超える。ただし、国内・海外とも市場はペーパーレス化を背景に大きな変革期を迎えている。同社は、中期戦略「CS B2021」におけるスピード・コスト競争力のある事業運営基盤の構築に向け、社長直轄の業務プロセス改革プロジェクトを立ち上げ、各部門の余力創出に取り組む。この経験を通して、社員一人ひとりに「改革への気づき」も促そうとしている。

「筋肉質な会社にしたい」――。業務プロセス改革で目指すところを、代表取締役社長の佐々木一郎氏はこう表現する。背景にあるのは、市場ニーズの急速な変化だ。「変化の激しい時代を生き延びるには、対応の迅速さが必要だ。そのためには、ぜい肉が付いているような会社ではいけない。個人のパフォーマンスを上げ、少ない人数でも素早く対応できるような体制を急いで整える必要がある」

「プリンター・複合機事業を柱とするブラザー工業にとって最も大きな変化は「ペーパーレス化」である。２０１９～21年度のグループの中期戦略では、既存のプリンティング領域での勝ち残りを目指す一方で、産業機器や産業用印刷といった産業用分野での成長加速や成長基盤の構築を目標に掲げる。

業務プロセス改革は、この中期戦略をスピード感とコスト競争力をもって実行していくための施策の1つである。業務プロセス改革で事業運営基盤をしっかりと構築すれば、事業構造変革に伴う人材リソースの再配置も可能になる。

佐々木氏はこう強調する。「変革期にはリソースシフトが欠かせない。『忙しい』と訴える部門からも人材を異動させなければならない。そのためには、忙しい部門の業務効率化・自動化を進め、人材リソースに余力を持たせることが先決だ」

中期戦略でもうたっているように、グループで今後新たに強化すべきは、産業機器や産業用印刷といった産業分野である。この分野には既に、プリンター・複合機などの部門から計２００人規模の人材を再配置している。それを実現できたのは、大きな戦略のもとで実行してきた業務プロセス改革が成果を上げてきたからだ。

部分最適となる「縦割り業務」のムダを削減

新しいグループ中期戦略が始まる2019年度、ブラザー工業は社長直轄のプロジェクトとして業務プロセス改革を全社に拡大させた。従来、部門別に業務効率化を進めていたが、「部門任せ」の取り組みに限界を感じたため、社長直轄型に格上げした経緯がある。

「各部門で似たような業務を別々にやっていることがある。それらを標準化してから効率化・自動化を進めるには、全社横断の社長直轄プロジェクトにした方がいい。また、社内の暗黙のルールが効率化・自動化を阻んでいる場合もあることが分かった。そういうルールは時代に合わせたものに改めなければいけない。全社で強力に展開するには、トップダウンで変えていくしかない」と佐々木氏は語る。

社長直轄型でなければ実現できなかった改革の1つは、いわゆる「縦割り業務」の見直しである。

例えば新製品を海外市場に投入する時、各国の省エネ規格や安全規格に則った各種の申請業務がある。申請内容はどの製品でもあまり変わらないが、事業部ごとに扱う製品が異なるため、申請業務も別々に行っていた。個々の組織内では最適なやり方となっていても、全社で見れば「部分最適が集まった状態」にすぎないことが多い。

写真5-2 「筋肉質な会社」を目指し、業務プロセス改革を直轄するブラザー工業の佐々木一郎代表取締役社長

今回の業務プロセス改革では、縦割りの慣行にとらわれず、「業務プロセスの効率化、全体最適化」という目的を第一に考えた。各部門の垣根を越えて申請業務を標準化し、専任者により申請業務を集約することにしたのだ。その結果、従来と比べて一段高い業務効率を実現できた。

部門任せの業務プロセス改革だと、このような手法に気づかなかったかもしれない。気づいたとしても、縦割りの慣行に従い、ほかの事業部門が関わる業務には手を出したがらなかっただろう。ブラザー工業は、社長直轄型で改革に取り組んだからこそ、縦割り業務に内在する非効率を解消できた。

効率化を阻む「業務ルール」をトップダウンで排除

社長直轄の改革は、社内であたかも「業務ルール」となっているような強固な慣行を改めるときにも非常に有効だ。

ブラザー工業では、社内で「プレ会議」と呼ばれる会議が広く浸透していた。プレ会議とは、会議に出す議案に関して根回しを済ませ、会議を円滑に終わらせるための事前調整の場である。

関係者間でうまく調整したい気持ちは分かるが、同じ議案で何度も会議を開くのはいかにも非効率だ。議案によってはプレ会議の前に、さらに事前調整する「プレプレ会議」が開催されることさえあったという。「それが標準のやり方という勘違いが社員の間に定着してしまっていた」と佐々木氏は振り返る。

残念なことに、こうした事前調整の場が社内のあちこちで開かれていることを、経営陣ははっきり認識していなかった。そこで、業務プロセス改革の一環で会議の改革に乗り出すなかで、プレ会議をやめることに決めた。

いままで当たり前だったものを突然やめるのだから、何か混乱が起こるかもしれない。だが、「まず廃止してみる。それでもし不都合が起きるようであれば、その時に見直せばいい」と佐々木氏は笑顔で話す。改革を進めるフットワークのよさは、このような考えから生まれている。

業務プロセス改革の目標は、2019年度から21年度までの3年間で、国内全社員の総工数を10％削減すること。時間に換算すると、年間70万時間の削減に相当する。今年度の取り組みが実際に工数削減効果をもたらすのは翌年度であることから、「今年度（2年度目）の取り組みで目標達成を決めたい」と佐々木氏は宣言する。

問題を「どう気づかせるか」が最大の勝負所

ブラザー工業は、このように業務プロセス改革を快調に進めている。うまく行く理由には、主に3つのキーポイントがあるといえそうだ。業務の見える化による気づき、ベテラン社員による支援体制、そして社員のITスキルアップである。

業務の見える化は、業務プロセス改革のスタート地点だ。手間のかかる作業ではあるが、佐々木氏は「業務の中身を冷静に見える化したのがよかった。そこで壮大なムダに気づかされたからだ」と振り返る。

見える化によって、予想を上回るムダの発見があったという。「いまだにそれを手作業でやっているのか！と驚くような仕事が結構見つかった。エクセルのマクロ機能（エクセル上の操作を記録し、自動実行する機能）を利用すれば一瞬で終わる仕事なのに、使い方を知らないから一生懸命に手作業でこなしていた」（佐々木氏）

このようなムダは、エクセルのマクロ機能やＲＰＡ（ロボティック・プロセス・オートメーション）などのＩＴツールを使って徹底的に自動化し、業務時間の大幅な削減につなげた。

ただし、２０１９年度の実績でいえば、ＩＴツールを活用した自動化よりも、ＩＴツールを使わない「業務プロセスそのものの見直し」のほうが多くの時間削減につながったという。それだけ多くのムダが既存の業務プロセスのなかに潜んでいたということだ。

その存在を見抜けなかったのは、過去の成功体験がもたらす思考停止があるから、と佐々木氏はみる。

「強い成功体験を持ち、『これで、いいんだ』と思考停止してしまうと、そこから進化できなくなってしまう。これがいまの日本企業の実情であり、弱みだろう。世界はものすごい勢いで変化しているのだから、自分たちも必死になって進化しようとしなければ、間違いなく後れを取ってしまう」

その思考停止を打ち破るのが見える化である。見える化によって業務プロセスが詳らかになれば、いかにムダが多く、効率が悪かったのかに気づく。また別の観点では、日本では「時間をかけ、心を込めるのが〝よい仕事〟」という考え方もあるが、顧客が感じる価値以上に時間をかけて、つくり手の自己満足で結果的に顧客に高い値段を強要してしまっていることもある。「業務を自動化するためにRPAをはじめとするITツールを導入しているが、それは見える化を実施するための方便にすぎない」と佐々木氏は言い切る。

つまり「見える化」とは、変革につながる「気づき」を社員自身が得られるようにするための手段、というわけだ。

「自分で経験しないと、人は学べない。自分でいい仕事をしていると自信を持つ社員には、その中身を見える化によって分析してもらうといい。すると、こうしたらもっとよくなる、と気づくだろう。実際に仕事のやり方を見直して成果が出れば、なぜもっと早く気づかなかったのか、と悔いるはずだ。上司がいくら指摘しても、社員の心にはなかなか響かないものだが、自分が経験すれば腹に落ち、内発的な動機が生まれて自ら成長できるようになる。業務プロセス改革では、『いまの仕事のやり方に問題があることを、どう気づかせるか』という点が最大の勝負所になる」と佐々木氏は語る。

旗振り役に部門長経験者を起用し、現場を動かす

改革をうまく進める2つめのキーポイントは、ベテラン社員による支援体制だ。

改革には抵抗が付きものであり、ブラザー工業でも「10％削減」という目標に難色を示す部門もあったという。日ごろから効率化に努めているため、そこからさらに10％削減するというのは、乾いた雑巾を絞るようなもの、という理屈である。

しかし改革を進めていくと、そうした部門でも結果として10％以上の削減を実現できた。現場でしっかりと取り組めば、きちんと成果を出せるのだ。つまり、改革の推進力がカギを握る。ブラザー工業がそこで成功した理由は、社長直轄のプロジェクト組織にベテラン社員の旗振り役を置いた点にある。

任務に就いたのは、役職定年や定年退職を迎えた部門長経験者たちだ。佐々木氏はこの人選の効用を次のように話す。「部門長を経験しているだけに、会社や部門全体をよくしたいという気持ちが強く、能力も高い。現場の課題をよく理解し、いまの部門長の思いや方針を踏まえながら、自分がどう動き、現場のみんなをどう引っ張ればいいのかを考えてくれる」

改革を持続させるには、現場を常に鼓舞する旗振り役が必須となる。旗振り役のトップ

を経営陣が務めるのは当然として、プロジェクト組織のなかにも現場を仕切れる旗振り役がいないと、改革は推進力を失い、いずれ自然消滅してしまうものだ。半年を超えるプロジェクトでは、とりわけ重要になる。

そこに部門長経験者を旗振り役として起用した意味は大きい。業務をよく知り、当事者意識が強く、組織を動かす術も知っている。旗振り役に必要な要素をすべて備えていることから、これ以上の人選はなかっただろう。

社員のITスキルアップで長期的な成長も

前述したように、業務の見える化によって「いまだにそれを手作業でやっているのか！と驚くような仕事」がいくつも見つかった。エクセルのマクロ機能を使えていれば自動化できたが、それを必ずしも知っているわけではなかった。そのため、ブラザー工業の業務プロセス改革を進めるうえで、社員のITスキルアップは3つめのキーポイントになっている。まだスキルアップの途上ではあるが、業務プロセス改革のためだけでなく、長い目で見て会社と個人がともに成長していくのに不可欠だ、と佐々木氏は考えている。

ITスキルを身に付けてもらうための講師役は、ソフト技術開発部やIT戦略推進部の人材が担う。ブラザー工業は業務を自動化するためにＲＰＡの活用を進めており、ソフト技術開発部やＩＴ戦略推進部のメンバーが各部門のロボット開発を支援している。現場の社員には、この経験を通して「業務を変えて効率化するスキル」と「ＩＴスキル」の両方を高めてもらう考えだ。

同社がＩＴスキルアップにこだわるのは、次のような理由がある。「業務の効率化・自動化に欠かせないＲＰＡやエクセルのマクロ機能などを使いこなす能力は、今後、社員にとって標準のＩＴスキルになっていく。人生１００年時代といわれるなか、これらのスキルがないと、年齢を重ねるとともに活躍できなくなるだろう。将来の幸せを考えるなら、１人でも多くの社員にこれらのスキルを身に付けてもらいたい。『今回の業務プロセス改革は絶好のスキルアップの機会だ』という強い思いをもってプロジェクトを進めている」と佐々木氏は語る。

また、ブラザー工業の社員が高いＩＴスキルを持って自社の業務を効率化・自動化できるようになれば、そのアイデアを製品付属のソフトウエアに組み込んでいける。この点からも、社員のＩＴスキルアップは長期的な成長を目指すうえで重要なポイントといえる。

業務プロセス改革をきっかけに、ＩＴスキルアップの機運は社内で徐々に高まっている。例えば、ＡＩ（人工知能）の分野で用いられるプログラミング言語「パイソン」の勉強会を社員が自発的に開催するようになった。「講師役に名乗りを上げたのは、ソフトウエア開発の担当者ではなく、回路設計に携わる電気系のエンジニアだ。自分でパイソンを学び、同じように専門家ではない立場の参加者に教えている。勉強会は定員50人ほどの会議室で開いていていて、いつも満席になるほど盛況だ」（佐々木氏）という。

社内では、既にＡＩの活用に取り組んでいる。勉強会の成果を生かすかたちで、ＡＩ活用をさらに本格化させたいと佐々木氏は期待している。「これまで人ではできなかったことを、ＡＩでできるように挑戦していってほしい。そういう土壌が育てば、自社で新しいサービスや製品をどんどん生み出せるようになっていくだろう」。佐々木氏は業務プロセス改革がもたらす次の時代を見据えている。

5-3 アコム

非常事態下の守りの経営から反転攻勢へ 人材育成・活性化を軸に変化対応力を強化

2006年1月に最高裁判所が下した判決、2010年6月の貸金業法の完全施行により、消費者金融業界は収益の激減と膨大な利息返還請求に見舞われ、冬の時代を迎えた。アコムも文字通り生きるか死ぬかの瀬戸際に追い込まれた。そこから10年余りにわたる非常事態下の経営によって「守り」の姿勢が強まり、環境変化への対応力が弱くなっていた。アコムはいま、この課題に切り込み、新しい企業文化を人と組織に根付かせようと奮闘している。

いまから30年近く前の1993年。有人の窓口に行かなくても、審査申し込みから、契約、ローンカードの発行までを無人で行う業界初の自動契約機「むじんくん」を開発・導入したのは、アコムだった。「人の目が気になる」という潜在顧客の需要をIT（情報技術）の活用で掘り起こし、事業のあり方を変革した。この手法は、いまで言うところのデジタル・トランスフォーメーション（ＤＸ）にほかならない。

アコムの「業界初」はほかにもある。年中無休・24時間稼働ＡＴＭサービスの提供（１９７９年）やクレジットカード事業進出（１９９９年）だ。同社は以前から、ＩＴを活用した「攻めの経営」をする企業だった。

だがアコムは、この攻めの姿勢を1度失いかけた。当時、貸金業者は、出資法の上限金利を拠り所に事業を行っていたが、２００６年1月の最高裁判決で利息制限法の上限金利を超えた利息は無効と判断され、アコムは利息返還請求に応じざるを得なくなった（同社の返還額累計は1兆３０００億円に上った）。

この非常事態のもと、アコムはやむなく希望退職者を募集し人員の効率化を図るとともに、コストダウンを徹底するなど、10年以上にわたって「守りの経営」を続けてきた。

ただ、守りの経営による副作用は予想外に大きかった。代表取締役副社長の木下政孝氏は「変化への対応力」を課題に挙げる。ＩＴ活用の面で見れば、デジタル・トランスフォーメーションを自社で実行する能力が下がり、約30年も使い続けている同社の基幹システムも過度に肥大化・複雑化して、デジタル・トランスフォーメーションの遂行を妨げる足かせとなっていた。

こうした状況に対し、アコムは２０１７年に改革の旗を掲げた。経営状態の回復により、非常事態下の守りの経営から平時の経営へ舵を戻せたことを契機に、人事面を軸にいくつもの改革を繰り出しつつ、基幹システムの再構築（リノベーション）にも乗り出した。

経営とシステム部門の意思疎通を促す「IT戦略会議」

まず取り組んだのは、「IT戦略会議」の設置とジョブローテーションの活性化だ。非常事態のもとで同社は、社内で人事異動をほとんどしてこなかった。「人員の効率化により、最小限の人員で業務を続けなければならなかった当時、ジョブローテーションを持ちかけようものなら、現場から間違いなく不満が出ただろう。ただ、それによって、経営陣や社員の経験を広げられなかったことは否めない。この状況を変えるには、経営陣や社員に新しい情報や経験をインプットして、変化への対応力を身につけてもらう必要がある」と木下氏は考える。

2017年6月に設置したIT戦略会議は、経営陣とシステム部門の意思疎通を図り、経営陣のITリテラシーを高めることが狙いだ。経営会議のメンバーとシステム部門の責任者で構成し、毎月3回という割と高い頻度で開催している。

木下氏はIT戦略会議への思いをこう明かす。「ITとシステムのことしか議論しないこ

写真5-3　反転攻勢のために、いくつもの改革を繰り出してきたアコムの木下政孝代表取締役副社長

の会議を、経営会議と同列の会議体として組織した。システム部門が何に取り組み、それがどのように進んでいるか、経営陣が理解できる場を設けたかった」。金融業界で進むデジタル・トランスフォーメーションに対応していくには、経営陣をはじめ全社員がＩＴを理解して活用し、業務や事業そのものを変革し続けていかなければならない。その最初のステップがＩＴ戦略会議だった。

設置から3年が経過し、成果がみられるようになってきた。木下氏が挙げるのは、経営陣の意識改革だ。「ＩＴ戦略会議で重要なのは、そこでの報告や議論をインプットとして経営陣が視野を広げ、事業変革の着想を得ること。以前なら経営

陣の多くがＩＴを他人ごとと考えていたが、いまは自分ごととして、新しいことにも積極的になったと感じる」

この変化は、システム開発の投資対効果を判断する場面にも表れているという。木下氏はこう続ける。「以前は、投資対効果に関する十分な議論はできていなかった。しかしＩＴ戦略会議では、システム部門が費用の見通しを説明し、事業部門も『このシステムを利用すれば利益はこれくらい上げられる』と効果の見通しを語る。そのやり取りを受け、経営陣がしっかりとした根拠を基に判断を下すことができるようになった」

現場から抵抗を受けながらもジョブローテーション断行

ＩＴ戦略会議の設置と同じタイミングで、アコムはジョブローテーションの活性化にも乗り出している。

第1弾として、経営企画部を経験した執行役員を含む3人をシステム部門に送り込んだ。ジョブローテーションにかける本気度が伝わってくる人事異動といえよう。「システム部門で日常的に使っている言葉は、経営陣にはなかなか理解できず、コミュニケーションに溝が生まれていた」（木下氏）。この溝を埋め、経営陣とシステム部門のコミュニケーションと相互理解を深めてもらうのが目的だ。

アコムはこうしたジョブローテーションを全社に広げ、各部門で社員が多様な経験を積めるように促した。木下氏は、「当事者意識を持ち、創意工夫ができる人材を育てたい。それができるのは、やはりいろいろな経験を積んで、高い視点から会社を見られる人だと思う。突然芽生えるものではないはずだ」と語る。

だが当初は、現場の抵抗が強かったという。多くの企業で見られることだが、異動対象者の所属長から「この人材を引き抜かれたら困る」、「こんなに異動されては大変だ」との声が上がった。

現場の状況はよく理解できるが、「5年後、10年後には、この人材には部長や役員になってもらわないといけない。そのためにはいま、この異動が必要なんだ」という木下氏の思いもブレなかった。

そこで取り入れたのは、異動対象者の所属長にだけ、早期に内示することだ。早いケースでは、異動の1年前に知らせる。理由は、異動対象者が抜けた穴を埋められるように、所属長が準備する期間を与えるためだ。「この方法に変えてから、所属長たちに素直に受け入れてもらえるようになった。ここ2年間はジョブローテーションがスムーズに回っている」と木下氏は語る。

システム部門のスキルを磨き、ベンダー依存を解消へ

システム部門には、ジョブローテーションの代わりに特別な〝経験〟を用意した。アコムのシステム開発プロジェクトでは、システム部門の若手をITベンダーのもとで、一緒にシステム開発を経験させている。

実は、約30年前に基幹システムを構築した当時はアコムの社員が自ら開発を担っていたが、非常事態になってからは外部のITベンダーに開発作業のほとんどを任せてきた。他の部門と同様、希望退職によりギリギリの人員で運営しなければならなくなったからだ。システム部門の役割は、もっぱらプロジェクトマネジメントに移った。

だが、非常事態下の10年以上にわたって自社開発をしてこなかったため、若手を中心に社員のITスキルが乏しくなるという副作用が出ていた。ITベンダーが提示する開発スケジュールや見積書などの妥当性をしっかりと評価できず、長い目で見るとコスト高になっていた。

そこで、プロジェクトマネジャーとしての役割を十分に果たしてもらうため、社員に開発経験を積ませることにした。「社員自身に開発経験があれば、この作業にどの程度の工数がかかるか、どんなリスクがありそうか、などの見当をつけられるだろう。自分なりの評

価基準を持ち、ITベンダーの提案内容を吟味できるようになるはずだ。そんなプロジェクトマネジャーを育てていきたい」。木下氏はそう期待を寄せる。

アコムは、豊富な経験を持つIT人材の中途採用にも積極的に取り組んでいる。システム部門の社員に対する前述の施策は中長期の取り組みなので、即戦力として既に開発経験がある人材を補い、外部の知見を取り入れてシステム部門としてのスキルを高めるためだ。100人規模だったシステム部門に、2018年以降の2、3年で既に20人以上を採用している。

目標達成に自ら乗り出せ、若手・中堅に中計の策定を任せる

様々な改革を推進するなか、アコムは折しも次の中期経営計画（2019年4月からの3年）を策定する時期を迎えていた。同社はここでも「攻め」の姿勢を貫いている。従来の計画策定作業は経営企画部主導で進めてきたが、この作業に30～40代を中心とする若手・中堅社員を参画させたのだ。策定作業のあらましを、木下氏はこう説明する。

「アコムの外部環境、内部環境とも大きく変化している。それにどう対応すべきか、というところから、ボトムアップで中期経営計画を策定すべきだと考えた。事業戦略を軸に計

11のタスクを設定し、タスクごとに計画策定グループを設置。各グループのリーダーは私が指名したが、メンバーの人選はリーダーの判断に任せることにした。総勢100人が参画したプロジェクトだ」

狙いはここも、当事者意識の醸成である。「従来はともすると、中期経営計画で具体的な目標が掲げられていても、それは計画を主導した経営企画部が言っていることにすぎない、という他人ごとの意識が垣間見られた。3年後の利益水準をこうしたいから、これをやってほしいと経営企画部に提案されても、『現場を知らないから無茶なことを言って』というような反発もあった。それを、自分たちが当事者意識をしっかりと持って計画し、事業活動やシステムの整備に取り組むように変えたかった。それが最も大きな狙いだ」（木下氏）

システム関連のタスクも中期経営計画に盛り込まれた。アコムの基幹システムは約30年も使い続ける間に肥大化と複雑化が進み、新しい機能を追加しようとしても時間とコストが非常にかさむ状態になっている。非常事態下で手を出せなかった大きな課題だ。これを放置すれば、何か新しいサービスを始めようとしてもシステムの対応が間に合わず、好機を逸してしまう可能性があった。

この課題に対し、「基幹システムの機能を整理・再構築して、新規開発期間を30％短縮しよう。運用コストも10％削減しよう」と若手・中堅から提案があった。デジタル活用のスピードを高めるには、ぜひとも実現したい内容だ。この提案はしっかりと中期経営計画に盛り込まれた。

この中期経営計画は、お仕着せのものではなく、現場のリーダーたちによって策定された。提案した本人が実行に当たる。「当事者意識を持って、自分の背中を自分で押すような仕組みづくりができた」と木下氏は話す。

成果は順調に上がっている。中期経営計画の初年度（2019年4月～2020年3月）、コロナ禍によってシステム開発作業の一部に遅れが出たものの、それを除けば概ね計画通りに進捗している。

情報や経験を社員にインプットすることが大切

デジタル・トランスフォーメーションを実現するには、まず社員の意識や行動を変革する必要がある。そのためには、社員に新しい情報や経験をインプットすることが欠かせないと木下氏は考える。IT戦略会議やジョブローテーションはその一環だ。木下氏は、「経営陣として、トランスフォーメーションがどういうものであるかを学ぶ機会を社員に積極的に提供する使命があると受け止めている」と述べ、実際に多くの社員に見聞を広げる機会をつくってきた。

例えば、木下氏が海外視察を勧められたときも、自分1人で行くのではなく、社員を一緒に参加させている。視察先は、中国や米国など。中国へ視察に行ったときは、総勢50人の社員が参加したという。

「1人で視察に出かけた後、『中国って、すごいぞ』と社員にいくら熱く伝えても、社員からは、『でもそれ、中国の話ですよね』と冷めた目で受け止められてしまいかねない。しかし、一緒に行って最新事例を体験すると全然違う。皆で同じ光景を見れば、『これはやばいぞ』と、危機感をダイレクトに共有できる。当事者意識は、そこから自然と生まれてくる。それさえできれば、経営はどんどんよくなっていくはずだ」(木下氏)

デジタル活用は今後、一連の改革にも大きなインパクトを与えるものになるだろう。ただ木下氏は、それは方法論にすぎないと割り切る。「デジタルツールによってよりよい改革ができるなら活用すればいいが、その活用を目的にしてしまったら本末転倒だ。大事なのは、あくまでも、刻々と変化するお客さまのニーズをしっかりと認識したうえで、お客様が期待するトランスフォーメーションを提供すること。そのためのインプットを、これからも続けていかなければならない」。木下氏の姿勢は、一貫してブレることはない。

5-4 千葉銀行

「紙」と「印鑑」の使用〝ゼロ〟その先に目指す新たな銀行の姿 コロナ禍の勤務制限下でも、急増する資金需要に応える

マイナス金利や人口減少により地方銀行の経営環境が年々厳しくなるなか、千葉銀行は、地方銀行の枠組みにとらわれないデジタル化の取り組みを続けている。その改革の成果は、図らずもコロナ禍のさなかに表れた。千葉銀行では、クラスター発生防止のために、急遽、営業店の人員を半分にした。勤務体制を2班に分け、片方の班を在宅勤務としたのだ。不意に在宅勤務となった融資営業担当者だったが、自宅に持ち帰ったタブレット端末を使用して、コロナ禍で急増する顧客の資金需要に迅速に対応することができた。

新型コロナウイルス対策の緊急事態宣言下、千葉銀行は行内でのクラスター発生防止のため、急遽、勤務体制を2班に分けた。これによって、1日当たりの出勤人数は通常の半分に制限され、残りの半分は在宅勤務をせざるを得ない状況となった。

折しも、コロナ禍による資金繰りの悪化に苦しむ取引先企業も多く、銀行に対する融資の期待は高まりつつあった。半分の人数では急増する融資の申し込みに対応するのは難しいだろうと想像してしまうが、融資業務に限っていえば、業務が滞ることなく対応できたという。

実は千葉銀行では、2020年初めから営業店で利用する業務用端末をタブレット端末に入れ替える取り組みを進めていたのだ。そのため、銀行の外でも中にいるときと同じ環境・同じ端末を使用して仕事ができるようになっていた。

また、2020年2月には融資業務で使用する新しい社内システムがリリースされ、融資の審査手続きから「紙」と「印鑑」を完全になくしていた。

そのため、在宅勤務している融資の営業担当者は、自宅から業務用スマートフォンで顧客に連絡をとり、資金需要をヒアリングすると、自宅に持ち帰ったタブレット端末を使って稟議を作成する。営業担当者が作成した稟議は、営業担当者と同じように在宅勤務している支店長が自宅から決裁できるようになっていたのだ。

「タブレット端末への入れ替え（ハード）と新融資システム（ソフト）を見直す取り組みは、2020年3月までの前中期経営計画による施策で、たまたまその両方が仕上がったタイミングでコロナ禍が起こった。もともとは、営業店で行っている事務の一部を本部へ集中化することを目的に『紙を使わずに仕事ができる環境』へ移行するための取り組みだったが、それは『場所を選ばずに仕事ができる環境』と同義であり、そのおかげで出勤が制限されるなかでもかろうじて顧客の期待に応えられたのではないか」と、この業務改革の推進役を担った業務効率化推進室長の松岡宏明氏は語る。

千葉銀行では、営業店の融資審査業務のほかにも、本部の企画や管理業務、頭取をはじめとする役員への稟議や報告業務は、前中期経営計画期間中に「紙」と「印鑑」を使わずに行えるよう改革を進めてきていた。

「紙」と「印鑑」の使用〝ゼロ〟に

勤務体制が半減したなかでも急増する資金需要に対応できたことは、感染症パンデミック（世界的流行）時の事業継続という観点で、注目すべき成果である。ただし、それは副次的な成果にすぎない。

千葉銀行は、次の10年を見据えてデジタル・トランスフォーメーション（DX）を加速させている。業務のペーパーレス化・デジタル化は、4月に始まった現中期経営計画でも、主要なミッションとして掲げられ、継続して取り組んでいる。

写真5-4　ペーパーレス化やデジタル化を徹底した業務改革の推進役となった千葉銀行の松岡宏明業務効率化推進室長

しかしながら、「紙」と「印鑑」が残っている領域もある。それが「事務集中部門」と「営業店の預金為替部門」の2つだ。

千葉銀行では、これらの領域も含め、「紙」と「印鑑」の使用〝ゼロ〟という分かりやすい目標を掲げ、業務のデジタル化を徹底的に進めていくという強い意志をもって、改革に取り組み始めている。

事務集中部門のデジタル改革

1つめは、事務集中部門に対する徹底的な効率化だ。事務の集中化とは、営業店の窓口ではない、後ろ側で行っている仕事（バックオフィス業務）を物理的に離れた事務センターで集中的に処理するものである。同じ業務を各営業店で行うのではなく、スキルの高い社員が集中的に処理する方が効率的で、業務品質のバラツキも小さくなるからだ。

しかし、顧客と接する営業店の負荷軽減を優先して事務の集中化を急ぐあまり、受け皿となっていた事務集中部門の業務が非効率なままになっているケースがあった。

例えば、ウェブで受け付けた無担保ローンの審査を行うのに、「紙」を印刷して人が目視でチェックして「印鑑」を押すなど、「紙」と「印鑑」に依存した過去のやり方をそのまま踏襲している業務が残っていた。

現中期経営計画では、事務集中部門の「紙」と「印鑑」が残る業務をターゲットに改革を進めている。この改革の業務削減目標は、年間約30万時間、人数に換算するとおよそ150人分だ。

事務集中部門の改革の目玉は、Blue PrismというRPA（ロボティック・プロセス・オートメーション）を活用した業務の自動化だが、「RPAを活用すれば効率化できるというわけではない。その前にやらなければならないことがある」と松岡氏は説明する。

RPAは、ルールをプログラムして教え込むことにより、人間よりも速く、正確に、休まずに仕事を続けてくれるが、定型的判断に必要な情報をデータで持っていることが前提となる。

さらに、これまで続けてきた「紙と印鑑に依存したやり方」をゼロベースで見直し、「デジタルに最適化されたやり方」に改める必要がある。「デジタルに最適化されたやり方」とは、「紙」と「印鑑」を使わないという意味だけではない。

例えば、「あいまいな判断基準」はデジタル化の天敵で、「人間の長年の経験」という曖昧さがあるとRPA化ができなくなってしまう。そのため、人間がどのような要素をどのように判断しているのかを丁寧に分析し、判断ロジックを整理していく必要がある。

また、長年業務を続けるなかで、様々なレアケース・トラブルへの対応として「複雑な場合分け」や「過剰な再確認」などがパッチワーク的に追加されているケースもある。

これらはRPAによる自動化の負荷を大きくするものであり、スピード感をもって自動化を実現するためには、「事前に業務のシンプル化を徹底的に進めておく必要がある」と松岡氏は強調する。

複数の部門にまたがる業務の場合、部門ごとの役割分担の見直しが必要になるケースもある。前述のウェブで受け付けた無担保ローンの業務では、ローンの申込・受付を推進する部門、貸出できるかどうかを審査する部門、顧客の口座に融資資金を入金する操作などの事務を行う部門が関わっているが、仕事の流れに逆らって部門間で作業が行ったり来たりする場合があるなど、必ずしも役割分担が効率的ではないケースもあったという。「業務や環境の変化に応じて、常に全体最適の考え方で役割分担の見直しができればよいのだが、処理要員の手当てが伴うことから部門同士の話し合いでは解決しにくい面もあるのではないか」と松岡氏は語る。

今回の改革では、経営企画部が第三者的に調整に入り、要員や組織の見直しも同時並行で進めているため、各部門の理解と協力も得られ、ウェブで受け付けた無担保ローンの業務は「紙」を1枚も使用せずに処理を完結できるように生まれ変わり、もともとの業務量のおよそ7割、5万時間程度が削減・自動化される見込みだ。

営業店の改革に向け、新たな挑戦

事務集中部門は、営業店で行っていた業務の一部を1カ所に集約して成り立っている。したがって、営業店から送られてくる「紙」をなくさなければ、事務集中部門の「紙」と「印鑑」の使用を〝ゼロ〟にすることはできない。

そこで、営業店の預金為替業務を次の改革ターゲットとしているのだが、実は営業店の預金為替業務でも以前からデジタル化の取り組みは進んでいた。

新規口座開設、各種届出変更、喪失手続きなど、時間のかかる複雑な手続きを「紙」ではなく窓口に設置したタブレット端末で受け付ける「TSUBASA Smile」だ。

千葉銀行は、地銀10行の広域連携であるTSUBASAアライアンス（注）の中心的存在である。「TSUBASA Smile」は、参加行である第四銀行、中国銀行と共同で開発することによって、コスト抑制と開発期間短縮に成功した取り組みにちなんで名付けられた。

銀行の業務は昔に比べるとはるかに複雑化している。犯罪収益移転防止法、個人情報保護法、振り込め詐欺防止の要請など、各種規制や要請が次々に課されてきたからだ。

例えば、普通預金口座を1つ開設するだけでも様々な規制をクリアしているのか確認・検証しなければならず、十分な経験を積んだ人間でないとスムーズな対応が困難な状況となっていた。これを「誰でも」受け付けできるようにしたのが「TSUBASA Smile」である。

顧客は、申込用紙に住所や氏名を記入することなく、タブレット端末で様々な申し込みができる。受付作業はシステムでナビゲートされ、経験の少ない職員でも画面の案内に従って操作を進めていけば受付を完結できる仕組みだ。

千葉銀行では、この「TSUBASA Smile」を使って業務の担い手をベテラン行員からパートタイマーに変更し、行員はより付加価値の高い業務への配置転換を進めていく方針だ。

このように、受付処理はデジタル化されたものの、バックオフィス業務には、まだ「紙」が残っているため、営業店の預金為替業務を次の改革ターゲットとしているのだ。

銀行では、「後で振り返って再検証できるようにしておく」という慣習がある。そのため、「誰がその仕事をしたのか」を「紙」と「印鑑」を使って記録しておくという事務手続きが数多く存在する。これらをシンプル化して必要のないものは廃止し、必要のあるものはシステム化を行うなど、「紙」や「印鑑」と決別して、業務を実施できるようにしていかなければならない。既に「紙」や「印鑑」を使用せずに業務を実施できる営業店の融資審査業務や本部の企画業務などと異なり、預金為替分野の業務は、「顧客が帰る前に処理する」という即時性を要求されるものが多く、「紙」や「印鑑」を使用せずに業務を実施できている銀行は少ないが、千葉銀行は、「紙」と「印鑑」の使用〝ゼロ〟を目指して、最も困難な課題に取り組み始めている。

「DXのその先へ」、目指す銀行の新たな姿

千葉銀行のDXの取り組みは、2020年4月に一段と強化された。頭取を委員長とする「デジタル推進委員会」を新設し、経営陣の積極的な関与のもと、デジタル戦略を加速

させる態勢を構築したのだ。

同時にグループCDTO（最高デジタル・トランスフォーメーション責任者）を新設し、グループ全体のデジタル戦略の統括責任者と位置づけた。

デジタル推進委員会の下部組織には、グループCDTOが部会長を務める「ビジネス部会」「オペレーション部会」の2つを置く。

「ビジネス部会」では、デジタル技術や情報資源を活用した顧客向けサービスの開発や高度化を検討する。「オペレーション部会」では、RPAやAIなどのデジタル技術を活用した業務効率化を進める。松岡氏が室長を務める経営企画部業務効率化推進室は、「オペレーション部会」の事務局としての役割も担っている。

松岡氏が事務局を務める「オペレーション部会」では、「紙」と「印鑑」の使用〝ゼロ〟を目標に掲げているが、その先に何を目指しているのだろうか。

「紙と印鑑の使用をゼロにして、紙によるやりとりをなくせば、1つの作業を物理的に離れた場所で行うことができる。これまで『その業務は集中化できない』とされていた業務を集中化することやTSUBASAアライアンス内の希望する銀行とともにバックオフィス業務の共同化を見据えている」と松岡氏は語る。

実際に、千葉銀行では、千葉市内で行っていた業務の一部を、新潟の第四銀行に委託している。「紙」と「印鑑」の使用〝ゼロ〟は、TSUBASAアライアンスという地銀連合に所属する強みを最大限に活用し、コスト削減効果を最大化するための第1歩という位置づけだ。

「全ての業務がデジタル化され、業務を行うために必要なシステムをタブレット端末に組み込み、営業店のバックオフィス業務の集中化やTSUBASAアライアンスによる共同化が完了したときに、営業店の姿は激変する」と松岡氏は語る。

いまのような広い店舗、高額な機械、たくさんの要員は必要なくなり、タブレット端末を持った銀行員がいれば、その場所が銀行となる「歩く銀行」という超軽量店舗が実現できる。

千葉銀行では、このような壮大な理想に向かって、デジタル改革に日々、取り組んでいる。

(注) TSUBASAアライアンス：千葉銀行、第四銀行、中国銀行、伊予銀行、東邦銀行、北洋銀行、北越銀行、武蔵野銀行、滋賀銀行、琉球銀行の10行が参加する地銀広域連携の枠組み。参加行が連携し、知見やノウハウを共有することで、地域の持続的な成長や金融システムの高度化、トップライン増強、コスト削減に寄与する施策を実現している。

5-5 ユニバーサル ミュージック

音楽市場のデジタル化に備える3つの構造改革 BPRを通じ「変革への気づき」を促す

「デジタル」化を背景に、音楽業界では企業変革に迫られている。世界最大の音楽企業である米ユニバーサル ミュージック グループの日本法人、ユニバーサル ミュージックが見据えるのは、事業・収益・人材の3つの構造改革だ。2019年8月からはその一環として、RPA（ロボティック・プロセス・オートメーション）を活用したBPR（ビジネス・プロセス・リエンジニアリング）に取り組む。同社はBPRを通じて、過去の成功体験にとらわれない変革への気づきを促し、今後の変革を担える人材の育成に取り組む。

日本の音楽市場には、世界と比べて特殊な一面がある。「フィジカル」と呼ばれているCD（コンパクトディスク）などの商品と、ネットワーク経由で音楽配信する「デジタル」の商品を比べると、「フィジカル」の売り上げが「デジタル」の売り上げを圧倒的に上回っているのだ。日本レコード協会によれば、「フィジカル」の占める割合は2019年で8割近くに上る。これに対して世界市場は「デジタル」が主流、「フィジカル」の割合は2割強にすぎない。事業構造や収益構造が全く異なっている。

ユニバーサル ミュージック執行役員CFO（最高財務責任者）の糸井孝富氏は、日本市場の特殊な面についてこう付け加える。「日本の音楽市場で売り上げの約9割を稼ぎ出すのは、国内市場を主戦場とする邦楽アーティストだ。国内市場が十分に大きいため、彼らはグローバル展開よりも国内市場における成功を優先しがちである。また、国内市場でのCDの価格は、再販売価格維持制度で守られている。これらも欧米市場と大きく異なっている」。国内重視、CDなどの「フィジカル」重視で事業展開するのが有利な市場といえるだろう。

だが、その国内市場も近い将来、「デジタル」化の波にのみ込まれる可能性が高いという。「国内市場はまだ、『フィジカル』のビジネス基盤が強いが、利便性を追い求めて『デジタル』に流れていく消費者は徐々に増えている。『フィジカル』と『デジタル』の占める割合がもう2、3年で逆転することになっても決しておかしくない」と糸井氏は危機感をにじませる。「デジタル」化は、ビジネスモデルと市場構造を一変させ得るからだ。

ビジネスモデルの面では、「デジタル」化はとりわけ販売手法に大きな影響を及ぼす。

『フィジカル』のビジネスモデルはモノを売る商品販売型。ホールセラーに対して商品をどう宣伝し、どう売り込むか、発売から数カ月間がカギを握る。これに対して『デジタル』のビジネスモデルは、音楽サービスを売るサブスクリプション型だ。再生回数を積み重ね、収益を得ることを長期目線で考える。これら2つのモデルは全く異なるが、これからは従来のビジネスモデルをさらに深化させつつ、新しいビジネスモデルを進化させるというバランスをとりながら、既存と新規で相反する経営方針（例えば、規律と創造性、スケールとフォーカス、成果とプロセス、一貫性と柔軟性など）を両立させていかなければならない」（糸井氏）

市場構造の面では、「デジタル」化によって邦楽アーティストの市場が世界に大きく広がるチャンスがあるという。「『デジタル』化によって、国内市場を主戦場としていた邦楽アーティストの曲が海外でも売れるようになる可能性がある。言葉のハードルはあるものの、韓国で生まれたK-POPが欧米で売れたり、アフリカのアーティストが言葉の異なる米国で売れたりするような現象が、既に世界中で起きている」と糸井氏は指摘する。

さらに、事業領域のすそ野が広がると同時に、競合の顔ぶれが多彩になってきた。特にここ2年ほどは、「音楽配信プラットフォームを手掛ける事業者が頭角を現し始めている。これらの事業者との競争を意識せざるを得ない。新規ビジネスとして手掛けてきたライブ・

写真5-5　「変革を阻む壁は過去の成功体験」と語るユニバーサル ミュージックの糸井孝富執行役員CFO

イベント制作やマーチャンダイジングなど、音楽レーベル事業以外のビジネスにも、新規参入する事業者が増えている。あらゆる事業領域で競争は激化するばかりだ」（糸井氏）

構造改革で目指す「型」づくり、社員の変革でそこに「魂」を

「デジタル」化がもたらすこうした環境変化にどう対応するか——。目先の収益構造として既存ビジネスが支配的であるなかでも新規ビジネスに予算を配分するなど、経営レベルでは戦略的な舵取りが求められる。そのうえでさらにユニバーサル ミュージックが重視するのは、社員

一人ひとりの変革である。

同社では目下、「デジタル」化を背景に事業ポートフォリオの見直しを進めている。事業構造が変われば、それに合わせて収益化の方法や人材ポートフォリオも見直す必要が生じる。事業・収益・人材の3つの構造改革が欠かせない。

「ただ、それらの改革を最終的に成し遂げるのは、あくまで社員。構造改革で目指そうとする企業像は『型』にすぎない。そこに『魂』を込めるためには、社員一人ひとりの力をさらに引き出し、マインド・行動指針・価値基準などを変えていく必要がある。『型』と『魂』の変革を同時に考えなければ、本当の意味での企業変革は実現できない」と糸井氏は力を込める。

社員への眼差しは、2014年1月に藤倉尚氏が社長兼CEO（最高経営責任者）に就任して以来一貫している。就任時に掲げたミッションは、「音楽を愛し、人を愛し、感動を届ける」。その使命を果たそうと、「音楽を愛す」を地で行く社員のパフォーマンスを上げるために何ができるか、何をすべきかをユニバーサル ミュージックは模索し続けてきた。

2018年4月には、それまで約6割を占めていた契約社員を正社員に改めると同時に、コアタイムを設定しないフルフレックス制度を導入、同年9月には本社オフィスを東京・赤坂から東京・原宿に移転した。会社にとっては「人を愛す」というミッションを全うするための人事制度の見直しであり、オフィスへの投資である。

本社オフィスの移転には、「マインドの引っ越し」という狙いも込められているという。「商品販売型のビジネスモデルにサブスクリプション型のビジネスモデルが加わっていくなかで、私たちの働き方もそうした環境変化に対応したものに改めていく必要がある。新しいオフィスで新しい働き方に変えようというメッセージを込めた」（糸井氏）

プロセスイノベーターを置き、「改革は当たり前」の文化を

この新しい環境で、ユニバーサル ミュージックは2019年8月にBPRプロジェクトをスタートさせた。対象は営業・印税・法務関係のコーポレート部門。事業成長に伴って、業務量の急激な増加が見込まれるためだ。当該部門では、業務プロセスをゼロから見直し、定型化できる業務があればRPAで自動化する。プロジェクトオーナーは当該部門を管掌する執行役員が務め、糸井氏はアドバイザー役を担う。

プロジェクトチームには、現場の改革をリードする人材を置いた。名付けて「プロセスイノベーター」。プロジェクトオーナーの執行役員が現場の社員のなかから指名した。

プロセスイノベーターには、従来の業務プロセスを自己否定して徹底的に見直し、その

やり方を他の社員に伝え、改革につなげていく役割を求める。そのためプロセスイノベーターには、プロジェクトを一緒に進めているコンサルティング会社のBPR研修に参加してもらい、課題の見つけ方や効率的な業務プロセスの設計法を座学で学んだうえで、プロジェクトのタスクとして、業務を変える案を考え、実際に業務を変える経験をしてもらった。

このプロセスイノベーターはもちろん、プロジェクトの参画メンバーには「企業変革に向けた気づき」を期待する。糸井氏は「プロジェクトは一過性のものであってはいけない。RPAを活用し、何時間分の業務効率化につながった、というアウトプットだけではなく、プロジェクトに携わったメンバーが『業務プロセスの改革は当たり前のことなんだ、業務を変えていいんだ』と、常に思えるようになることが大事」と強調する。そういうメンバーが増えれば増えるほど、企業は自らの力で変革を成し遂げられるようになるからだ。

過去の成功体験にとらわれず、危機や弱みの認識と共有へ

とはいえ、決して簡単なことではない。糸井氏は前職であるコンサルタント時代にも、第三者として様々な企業の変革に携わった経験を持つ。そこでも、変革を阻む壁の存在を強

く意識せざるを得なかったという。

その壁とは、「過去の成功体験」である。糸井氏はこう言い切る。「成功体験は企業・事業の成長サイクルの早い段階では大きな原動力になる。しかし、新たな成長を生み出そうとする段階では、企業の変革を阻む強固な壁になる」

しかも、成功の歴史が長ければ長いほど、その壁は厚みを増す。「会社組織は既存事業に最適化され、価値基準、行動様式、業務プロセスなどが固まっていく。成功の歴史が長ければ長いほど、それらが見直される機会は失われていく。そのうち、新しいことに挑戦する人たちの前に立ちはだかるようになり、企業変革を阻む」（糸井氏）

これこそ、既存事業に最適化された会社組織の強みが、環境変化のなかで弱みに転じる瞬間だ。社員一人ひとりが自ら考えることなく、成功体験を持つ上司の言うことを鵜呑みにする日本企業に共通する文化が、変革の足かせになるのである。

「日本全体で産業が成長していた時代は、上司の言う通りにしていれば売上高を伸ばすことができた。しかし、そういう時代はもう過去のもの。いま理想の会社といえるのは、いまやっていることが本当に正しいのか、社員の誰もが日々思考を巡らせている会社、答えのない問題を必死で解こうとしている会社ではないか」

糸井氏はさらにこう言葉を継ぐ。「ビジネスの世界にはかつて、こうすれば正解という成功の方程式があった。しかしいま、『VUCA（不安定、不確実、複雑、曖昧）』と呼ばれる時代を迎え、方程式は成り立たなくなっている。経営の意思や自分の仮説など、自分が正解だと考えることをどうすれば結果として正解にできるのか、それを考え抜くことが求められている」

成功体験の呪縛を断ち切り、会社組織の強みを弱みに転じさせないようにするためにはどうすればいいか――。糸井氏はBPRのプロジェクトを進めるにあたって、3つのことを心掛けたという。

1つめは、参画メンバーが事業環境の変化を危機として認識すること。2つめは、自社の弱みを認識・共有することだ。

音楽業界では新人アーティストをどんどん市場に送り出す。そのため、「新しいことをやり続けている」とつい錯覚してしまう。糸井氏はそこに課題を見出す。「新しいことをやっているようでいて、実は既存のプロセスに新人アーティストをひたすら乗せ続けているだけかもしれない。担当するアーティストが代われば社員はマンネリを感じることはないが、環境変化や自社の弱みに対する問題意識が生まれにくくなっている」

冒頭で触れたようにビジネスモデルは既に変革期を迎え、商品販売型からサブスクリプション型に軸足を移すことが求められている。「アーティストの楽曲制作のやり方も感性に委ねるものではなく、データ分析を踏まえたものに変わりつつある。アーティストが仕事のやり方を変えているのに、私たちがこれまで通りというわけにはいかない」(糸井氏)

問題意識を醸成するきっかけになるのが、社員の気づきだ。ユニバーサル ミュージックは、BPRプロジェクトでそれを促そうと、「音楽業界以外の視点や知見を取り入れる」という仕掛けを施した。その必要性を糸井氏は次のように話す。「社員によるディスカッションだけでは、新しい気づきを得ることは容易ではない。しかし音楽業界以外の人が加わると、やはり違う。特に、業界のこれまでの常識を『非常識』とする率直な意見は、社員にとって大きな気づきにつながる」

プロジェクトをともに進めるコンサルティング会社に期待する役割の1つも、業界外の視点と知見である。このほか、異なる業界から中途で採用した社員にも同じ役割を求め、プロジェクトリーダーの補佐役に就けたりしている。「この社員には音楽業界の常識に異を唱えることを恐れず積極的に発言してもらっている」(糸井氏)

スモール・ハピネスを積み重ね、社員のマインドを切り替える

BPRプロジェクトを成功させるための3つめの心掛けは、業務プロセス改革を実際に

経験してもらうことである。それによって、成果が上がったという実感を得ることが大事と考える。「人間のマインドはスイッチひとつで切り替わる。たとえ小さなことでも成果が上がったという実感を得られれば、ハピネスを感じてマインドは切り替わる。このような『スモール・ハピネス』の積み重ねが欠かせない」

プロジェクトチームにプロセスイノベーターという役割を置いたのは、まさにこうした考え方の表れだ。糸井氏は「変えることが当たり前という変革マインドを持ち続けるメンバーが増えてほしい。このプロジェクトを通じて『スモール・ハピネス』を積み重ねてもらい、この願いを現実にしていきたい」と期待を込める。

BPRプロジェクトで変革への気づきとスモール・ハピネスを得られる機会を提供することで、社員に少しずつ変化がみられるという。「現時点で成果を評価するのは時期尚早だが、プロジェクトに参画するメンバーのなかには『変化への対応力』が養われつつあると感じている」。糸井氏は現状をそう評価する。

最終目標は、社員一人ひとりの「行動変容」にまで結び付けることだ。BPRプロジェクトを通じて得た気づきを業務プロセスの改革に生かせたとしても、その改革が一過性のもので終わってしまったら目的を達成したとはいえない。糸井氏は「人間は元に戻りがち。改革を習慣化し、行動変容にまで持ち込むことが課題」と気を引き締める。

会社組織という観点からいえば、それは価値基準や行動様式といった組織文化の変革を意味する。糸井氏は「BPRにしてもDX（デジタル・トランスフォーメーション）にしても、組織文化の変革まで意識して進めなければ改革は表層的なものにとどまる。BPRやDXは企業変革の一過程。組織文化の変革こそが、肝だ」と訴える。

その方向性は言うまでもなく「変えることが当たり前」というカルチャーを根付かせることである。その一方で、これまで以上に大切にしていきたいカルチャーもある、と糸井氏はいう。「社員が抱く音楽への愛情は何ものにも代えがたい我々の強みであり、それが仕事に対する爆発力にもつながっている。このカルチャーは今後も大切にしていきたい」

そのカルチャーを象徴する言葉こそ、社長兼CEOの藤倉氏が掲げた「音楽を愛し、人を愛し、感動を届ける」というミッションだ。ユニバーサル ミュージックの企業変革は、このミッションを軸に今後も続いていく。

5-6 YKKベトナム

現地採用人材の潜在能力が一気に開花
業務改革の意識が行動変容をもたらす

YKKグループは、現在72カ国／地域で事業活動をグローバル展開している。そのなかでYKKベトナムは、2019年3月期の売上高が過去最高に上り、海外現地法人で一番の稼ぎ頭となっている。顧客であるアパレル系の企業が「中国プラスワン」の動きに乗ってベトナムに進出してくるなか、YKKベトナムは2年前から取り組んできた業務改革によって、急速な需要増に対応できるようになった。改革のポイントは人材活性化だ。日系の海外現地法人の多くは現地採用の社員を「安い労働力」と考えがちだが、YKKベトナムの敷田透社長は社員のポテンシャルを引き出すことに注力し、大きな成果につなげた。

奇跡の工場――。YKKグループ内でそう呼ばれる工場が、ベトナム北部の都市、ハノイの郊外にある。2019年10月に稼働し始めたハナム工場である。ファスナー市場の拡大が続くベトナムで供給力の強化と北部地域の顧客への納期短縮を目的として建設された。何が「奇跡」なのか。ＹＫＫベトナム代表取締役社長の敷田透氏はこう説明する。「工場は通常、操業1年目はトラブルが少なくなく、赤字になりやすい。しかしこの工場は、1年目からほぼトラブルなし。それが理由で『奇跡の工場』と呼ばれている」

トラブルなしで済んでいることには、もちろん理由がある。ベトナム南部の都市、ホーチミンの郊外で既に操業していたニョンチャック工場の社員がハナム工場の操業をサポートし、工場の操業ノウハウを水平展開できたからだ。

当たり前のことに思われるかもしれないが、海外で日本の常識が通じるとは限らない。敷田社長の経験からすれば、「ほかの工場の操業をサポートしてほしい」と頼んでも、現場からは「そんな時間はない」と断られるのが普通だという。「ベトナムで現地採用した社員には、自分に与えられた仕事だけをこなしていくという意識が強かった。ほかの工場や部署を進んでサポートしようという気持ちは全く見られなかった」と振り返る。

ところがハナム工場の操業が始まる時には、立ち上げに携わった社員が自らサポートを買って出るようになった。このような社員の意識・行動の変化は、ハナム工場をめぐるもう1つの奇跡といえる。

「仕事のやり方自体を変える」意識が行動変容の契機に

社員の意識や行動が変わったきっかけは、RPA（ロボティック・プロセス・オートメーション）の導入だった。「RPAの導入時に、『仕事のやり方自体を変える』という徹底した業務改革の経験を積んだことと、RPAによる省力化で時間の余裕が生まれたことが相まって、社員が自ら考え行動する姿勢を見せるようになってきた」と敷田社長は話す。

さらに目を見張る行動変容もあった。社員に会社の事業を自分ゴトとして捉える姿勢が生まれ、経営者と社員が同じ「経営ビジョン」を共有できるようになったのである。

そのビジョンとは、カンボジア、ラオス、タイ、ミャンマーといった周辺国を含む「インドシナ半島」を1つのエリアと位置付け、ベトナムでの取り組みを水平展開しながら事業拡大を図っていく、というものだ。敷田社長は「将来、このエリア内に新しい拠点をどんどんつくり、そこを社員の活躍の場としていきたい」と意気込む。

社員を前に敷田社長がこのビジョンを語る時、以前のように「この忙しい時に社長は何を言い出すのか」という冷めた視線を感じることはなくなった。「こちらを見て、自分にどんな活躍の場がありそうなのか、熱心に耳を傾けてくれるようになった」と敷田社長は顔をほころばせる。

写真5-6　業務改革などにより「奇跡の工場」を生み出したYKKベトナムの敷田透社長（右）と推進グループのリーダーである三戸芳和氏（左）

現地採用の高学歴人材に、働く喜びを感じさせたい

この劇的な変化をもたらした最大の理由は、社員のポテンシャルを引き出し、仕事のやりがいや社員の幸福感を追求した点だ。

ＹＫＫベトナムが現地で採用する社員の多くは高学歴で、キャリアアップにも意欲的である。個人差はあるにしても、能力は総じて高い。期待を胸に抱き、好業績のＹＫＫベトナムに入社してくる。

しかし、業務改革とＲＰＡの導入をする前のＹＫＫベトナムでは、残念ながら大量の単純作業を日々の仕事としてこなす社員が多かった。

一例を挙げれば、ファスナーの注文を業務システムに入力する作業が文字通り山のようにあった。ファスナーは、季節ごとに変わる服・鞄のデザインやサイズに合わせて仕様が異なる典型的な多品種・少量生産品なので、注文書の数が非常に多く、内容も複雑だ。しかも、これらの注文書は年2回のピーク時（特にファスナーの需要が最も大きい冬物衣料の生産に取り掛かる3月ごろ）に殺到し、電話やファクシミリを用いたアナログな注文がいまだに多い。「デスクの上は注文書の山。担当社員は朝から晩まで脇目も振らず、注文書の内容を業務システムに入力し続けている。それも、1日、2日では終わらない。1週間は毎日、その繰り返しだった」（敷田社長）

こうした状況は、日系企業の海外現地法人で頻繁にみられるのではないだろうか。IT（情報技術）でシステム化できる単純作業があっても、アジア地域では「安い労働力」を使って処理する方が手っ取り早くコストも低いため、システム化が遅れがちになっている。

YKKベトナムも同じ状況だった。投資対効果の観点では合理的な選択といえるが、こうした単純作業に高学歴の人材をあてるのは、もったいない。社員からすれば、働きがいを感じられないだろう。敷田社長は「当時のままでは、決していい会社といえない。YKKベトナムで働く喜びとは何かという点に主眼を置き、解決方法を考えていた。その一環としてRPAの導入に乗り出すことを決めた」と振り返る。

RPAを導入したものの成果は限定的

ＲＰＡのよい点は、運用中の業務システムを改良する場合と比べ、ずっと低コストで単純作業を自動化できることだ。そこでＹＫＫベトナムは、注文書の内容をＯＣＲ（光学的文字認識）スキャナーで読み取り、業務システムに入力する作業をＲＰＡで自動化しようとした。

ただし、２０１６年12月の最初の導入では、限られた成果しか出せなかった。というのも、ＹＫＫベトナムはＲＰＡになじみがなかったことから、同社がロボット（ＲＰＡ）の要件を示し、ベンダーがそれを基にロボットを開発する、という手順で進めた。その結果、注文書のシステム入力作業のうち、「自動化できる部分をそのままロボットに処理させる」という単純な導入にとどまったからだ。ＲＰＡは一般的に、このような単純な導入だけでは大きな成果を出しにくいものなのである。

その後、転機が訪れる。敷田社長はアビームコンサルティングの著作『ＲＰＡの威力』を読んで、ＲＰＡに対する考え方をがらりと変えた。「ＲＰＡの導入とは、システムの導入ではなく、業務改革にほかならない。だから、システム部門やベンダーではなく、業務部門主導で進めるべきものだ」。これ以降ＹＫＫベトナムはアビームコンサルティングと二人三脚で「業務改革＋ＲＰＡ」に取り組むことになった。

業務改革とセットでＲＰＡに再挑戦

２０１８年10月、ＲＰＡへの再挑戦が始まった。ＹＫＫベトナムは、業務プロセス分析によって大きな成果が出やすい業務領域を洗い出し、そこに的を絞って短期・集中で自動化していく「直下型（トップダウン型）」でプロジェクトを推進した。

プロジェクトの旗振り役は敷田社長自身が担い、直下に業務分析の担当者２人とロボットの開発担当者６人で構成するＲＰＡの推進グループを組織した。推進グループのリーダーには業務部門のメンバーを据え、業務部門主導でプロジェクトを推進していく体制だ。

ロボットの開発担当者を６人加えたのは、短期間で大きな成果を上げ、プロジェクトに勢いをつけるためだ。「ユーザーフレンドリーなツールを採用したので、社内の業務部門だけでもロボットを開発することは可能だった。しかし、プログラミング経験者の方が開発スピードは速い。その点を重視し、新規に採用したＩＴ人材を開発メンバーとして加えた」と推進グループのリーダーである三戸芳和氏は説明する。

まず手を付けたのは、かねてより懸案だった営業部門である。業務プロセスを分析した結果、必要に応じて業務プロセスやルールそのものを見直し、そのうえで自動化を進めれば、業務量の6割をロボットで代替できることが分かった。人とロボットの協働を前提に業務プロセスをゼロベースで見直すと、従来とは異なる業務プロセスが見えてくるためだ。

直下型の取り組みによってロボットが順次稼働し始めると、営業担当者の仕事は大きく変わった。営業担当者が大量の単純作業から解放されただけでなく、RPAで創出した時間を付加価値の高い活動に振り向けられるようになったからだ。

業務負荷が平準化された点も大きな成果である。YKKベトナムでは受注量のピークが年2回訪れる。平常時との差は大きく、ピーク時の受注量は平常時の3倍に達する。このピーク時に合わせて、注文書の内容を朝から晩までひたすらパソコンに入力し続ける要員を確保していたが、入力作業の自動化によってピーク時の必要人員数を大幅に削減できた。

三戸氏は「ピーク時と平常時の受注量の開きがもたらす課題にRPAの導入で対応していくことは非常に有効」と話す。RPA導入以降、入力作業の専任者にも、営業活動など付加価値の高い業務を任せているという。

敷田社長の旗振りのもと、改革の対象は、営業部門から、生産部門、経理部門、人事部門と次第に広がっていった。敷田社長が改革の旗を振り続け、推進グループの三戸氏らが業務プロセス分析で各部門に切り込み、その結果を基にロボットを開発。全ての部門にR

ＰＡの威力を体感できるようにしていった。

現場自立型へ転換、ロボットコンテストを企画

大きな成果が出やすい業務領域は、およそ半年かけて「直下型」で自動化したが、そのほかにもＲＰＡで自動化できる業務がたくさん残されている。ここから先は、全社改革の権限・責任はトップに残したまま、個々の業務のデジタル化を現場が全体最適の視点を持ちながら自主的に考える「現場自立型」で推進する方が効果的だ。ＹＫＫベトナムは２０１９年６月から現場自立型の開発フェーズに移行した。

この現場自立型フェーズをより強力に推進するための仕掛けとしてＹＫＫベトナムが企画したのは「ロボットコンテスト」だ。現場の社員たちが自分自身で考えたロボットのアイデアを募り、優れた提案を表彰するイベントである。

敷田社長は狙いをこう語る。「旗振り役として業務改革とＲＰＡの活用を訴え続けることはとても大切だが、現場に少しずつ慣れが生じるのも事実だ。この改革を現場にさらに浸透させていくには、もっとガツンと動機づけできる何かが不可欠だった」。現場をよく知る三戸氏に相談したところ、一定の準備期間を置けば、当時の力量からみて応募は見込める

という。そこで準備期間を4カ月置き、２０１９年12月に第1回ロボットコンテストを開催することを決めた。

準備期間中には一般社員を対象に勉強会を開催し、社員がＲＰＡの活用事例を学びながら、一方で自らの業務を振り返り、ロボットをどのように活用できそうか、発表してもらう機会を設けた。ここでは「自動化できる部分をそのままロボットに処理させる」という最初のＲＰＡ導入の失敗を繰り返さぬよう、人とロボットの協働を前提にプロセス全体を見直す「業務改革の動機付け」に力を入れた。

普段は倉庫で働く若手社員が見事なアイデアを披露

ロボットコンテストを企画した当時、どのくらいの応募があるか不安もあったが、ふたを開けてみれば80件もあった。予想を上回る応募数に敷田社長や三戸氏はびっくりしたという。

さらにコンテストの当日には、より大きな驚きがあった。「コンテストのプレゼンテーションのトップバッターは、普段、倉庫で働いている若手社員だったが、あたかもＲＰＡの専門家であるかのような見事な発表内容で本当に驚いた。コンテスト全体としてもハイレベルで、隠れていた逸材を発見した気分だった」と敷田社長はうれしそうに話す。そこには、業務改革の意識を持ったことで行動変容を遂げた社員たちの姿があった。

「ベトナム人は、この手のコンテストや社員旅行のようなイベントが大好き。コンテストを業務改革への動機づけに利用したのは大成功だった。業務改革とＲＰＡを業務部門に浸透させていくうえで最も効果があった」と評価する。

実際、これまでの取り組みは社員の意識改革や行動変容をもたらしている。その一例は、ニョンチャック工場とハナム工場の連携関係だ。ハナム工場で受注した製品を、ニョンチャック工場で製造する場合、注文内容をどちらかの工場でデジタルデータに置き換える必要がある。「自らの仕事を増やすのは避けたいため、以前ならその作業を互いに押し付け合っていただろう。ところが、いまはＲＰＡを活用すれば負担はないし、業務プロセス全体を見渡して、どこで入力するのが最適かを考えるようになり、押し付け合いはなくなった」と三戸氏は語る。

業務改革の起点は、現状に満足しない向上心だ。敷田社長自身、「好業績だから現状を変えなくてよい、と思考停止に陥っていたら、社員に飛躍のきっかけを与えることはできなかった」と振り返る。

そのうえで改革の成果をこう評価する。「社員はみんな能力が高い。しかし、その能力を引き出す機会を会社側がこれまで与えていなかったのではないか、と反省している。今回の改革を通して、いまここにいる人材を生かせば、インドシナ半島の周辺諸国に拠点展開するビジョンを実現できると確信を持てるようになった。これは本当に価値あることだ」

グローバル展開を図るなか、現地採用の人材に「安い労働力」だけを求める時代はもはや終わりを迎えている。その能力をどう引き出し、顧客価値の提供に結び付けていくか――。海外現地法人における業務改革やＤＸ（デジタル・トランスフォーメーション）は、こうした観点からも待ったなしの状況だ。

第6章

DXを成功に導くカギとは

「新しい成功体験」を積み重ね、変革し続けられる企業へ

日本企業の多くは長年の歴史を持ち、事業形態や組織構造、業務プロセスなどにおいて、それぞれ完成されたカタチを持つ。成長期に生まれた既存事業を営むのに最適化された組織のもと、最適化された仕組みと業務で、その事業を展開してきた。

しかし、完成されたカタチを持つ企業ほど、DX（デジタル・トランスフォーメーション）のような変革を進めにくいのが現実だ。成功体験を積み重ねながら形成されてきた業務の進め方、組織・人財のあり方、IT・新技術の捉え方は、経営環境が変化するなかで悪弊に転じ、第2章から第4章までで紹介したような習慣病になって、企業の変革を阻んでいる。DXに取り組んでいる企業のなかには、そこに気づかないまま改革に乗り出し、成果を得られないところが多い。

第5章で紹介した先進企業6社は、こうした課題に真正面から向き合い大きな成果を上げてきた。

先進6社に共通するのは、ゴール設定だ。例えば業務プロセス改革に乗り出すにしても、「効率化」は狙いの1つにすぎない。それよりも、業務効率化の成果を社員に経験させることで「変えられる」という成功体験を持たせることに、より重きを置く。

ゴールとして見据えるのは「社員の意識改革を通じた企業体質の変革」である。そこを目指すからこそ、習慣病にも自ずとメスが入る。こうした視座の高さの違い、言い換えれ

図6-1　DXの意味

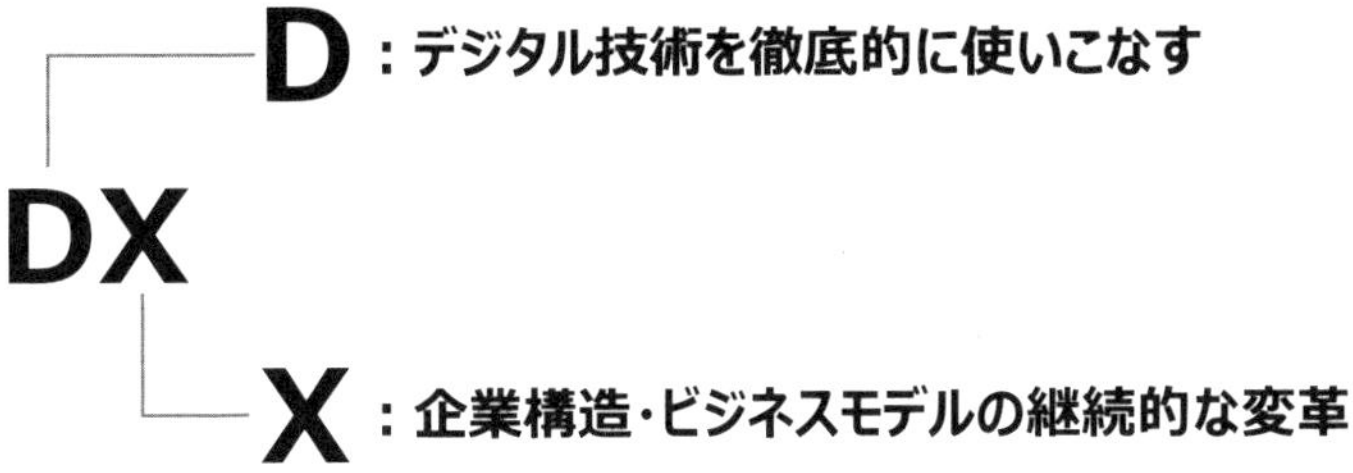
D：デジタル技術を徹底的に使いこなす
DX
X：企業構造・ビジネスモデルの継続的な変革

ばDXに向き合う姿勢の違いが成果の差となって表れたといえる。

6-1 DXとはデジタル技術を活用することなのか

ここで改めて「DXとは何か」を考えてみたい。

DXという言葉は、「D（デジタル）」と「X（トランスフォーメーション）」の2つで構成されている。「D」は、「デジタル技術」を徹底的に使いこなすことを意味する。一方の「X」は、ビジネスモデルや組織構造の「変革」を表している（図6-1）。

いま多くの企業が意識するのは「D」だ。RPA（ロボティック・プロセス・オートメーション）や人工知能（AI）

図6-2　デジタル化の３段階

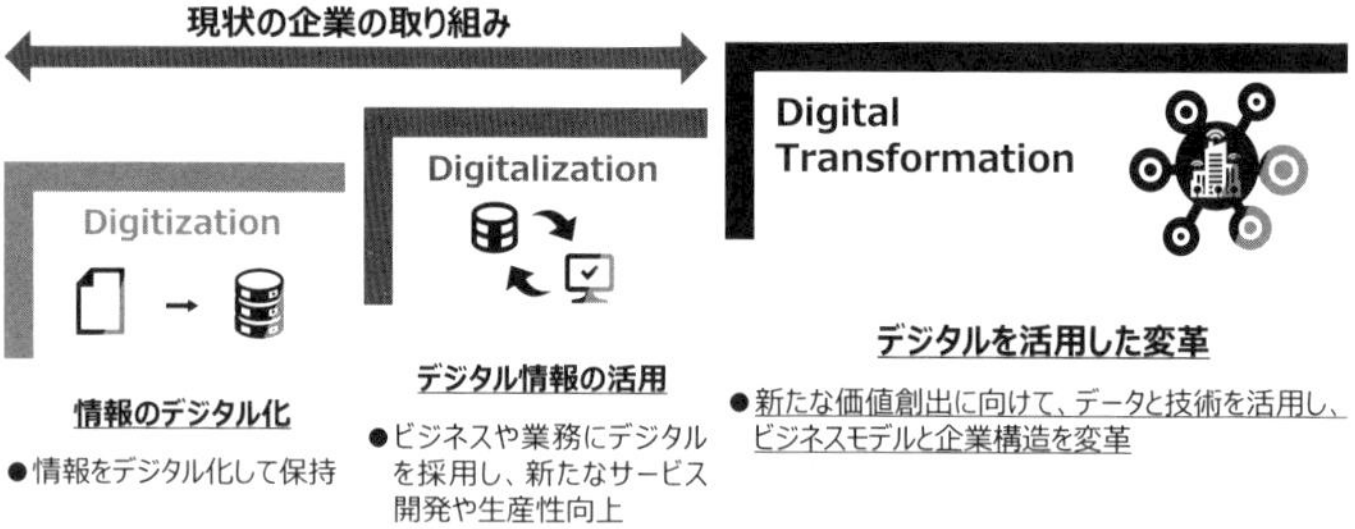
現状の企業の取り組み
Digitization
情報のデジタル化
●情報をデジタル化して保持
Digitalization
デジタル情報の活用
●ビジネスや業務にデジタルを採用し、新たなサービス開発や生産性向上
Digital Transformation
デジタルを活用した変革
●新たな価値創出に向けて、データと技術を活用し、ビジネスモデルと企業構造を変革

といったデジタル技術を使いこなすことに腐心している。そして、それこそがＤＸであると信じている。

しかし、ＤＸの本質は「Ｘ」の方にある。いくらデジタル技術をうまく使いこなしたとしても、結果として「Ｘ」、すなわちトランスフォーメーションにつながらなければＤＸとはいえない。デジタル技術の活用は非常に重要だが、あくまでトランスフォーメーションの手段の1つにすぎない。経営者が望んでいるのはデジタル技術の導入だけではない。本当に求めているのは企業や事業のトランスフォーメーションであるはずだ。しかし、デジタル化の3段階のうち、多くの企業はDigitization（情報のデジタル化）、Digitalization（デジタル情報の活用）にとどまり、Digital Transformation（ＤＸ、デジタルを活用した変革）には達していないのが現状だ（**図6-2**）。

ＤＸとは何かを考えるうえで、もう1つ大事なことがある。それは「トランスフォーメーションの質」だ。

いまはVUCA（不安定、不確実、複雑、曖昧）の時代である。企業が目指すべき価値、顧客に提供すべき価値は絶え間なく変化し続けている。したがって、トランスフォーメーションを1回きりで終わらせてはならない。そこで得た成果がいつまでも長続きするわけはなく、連続的にトランスフォーメーションできないと生き残れないからだ。

つまりVUCAの時代には、単発のトランスフォーメーションを成功させることではなく、絶え間ない変化に対して「継続的にトランスフォーメーションし続ける力を身につけること」が重要な意味を持つ。これこそがX（トランスフォーメーション）の側面からみた「DXの真髄」である。本当に価値のあるDXは、社員一人ひとりがトランスフォーメーションし続ける力を身につけ、それが企業文化にまで高められたときに初めて実現する。

この力を身につけるには、改革を社員に経験させ、小さなことでも「変えられる」、「変えていいんだ」という成功体験を積ませるのが最もよい。そうした経験を積む機会を企業が提供し続ければ、社員は次第に従来の枠を飛び越えた発想と積極性を身につけていく。さらに意識改革が進み、仕事の目的を見据えながら、日々の業務の進め方を自ら変えられるようになれば、確実に行動変容につながる。

こうした行動変容が社内に伝搬していけば、それは次第に組織としての意思決定の判断軸に影響を与え、トランスフォーメーションし続けられる企業文化を形づくっていくはずである。

DXで「人の役割」が大きく変わる

ここまではDXの「X」、トランスフォーメーションの重要性について述べてきたが、次に「D」、デジタル技術の活用について考えていきたい。

前述したように、デジタル技術はあくまでもトランスフォーメーションの手段である。デジタル抜きでも企業や事業の変革はできる。しかし、デジタル技術をフル活用するか否かで、トランスフォーメーションの到達レベルに雲泥の差が出るのも事実だ。そもそも、いまのビジネスからデジタル技術を切り離して考えることはできないだろう。

デジタル活用の面から、DXのポイントを整理しておこう。まずは、DXの例を3つ紹介したい。現在の業務と比べて、人の役割がどのように変化するのか、注目してほしい。

1つめの例は、請求書支払い業務のリモート化ソリューションである。これは実際に当社(アビームコンサルティング)でも利用しているものだ。

図6-3は業務の流れを示したもので、取引先からPDFの請求書を電子メールで受け取るところから始まる。従来なら紙の請求書が郵送されてくるところだが、コロナ禍においい

図6-3　DX事例：請求書支払業務のリモート化

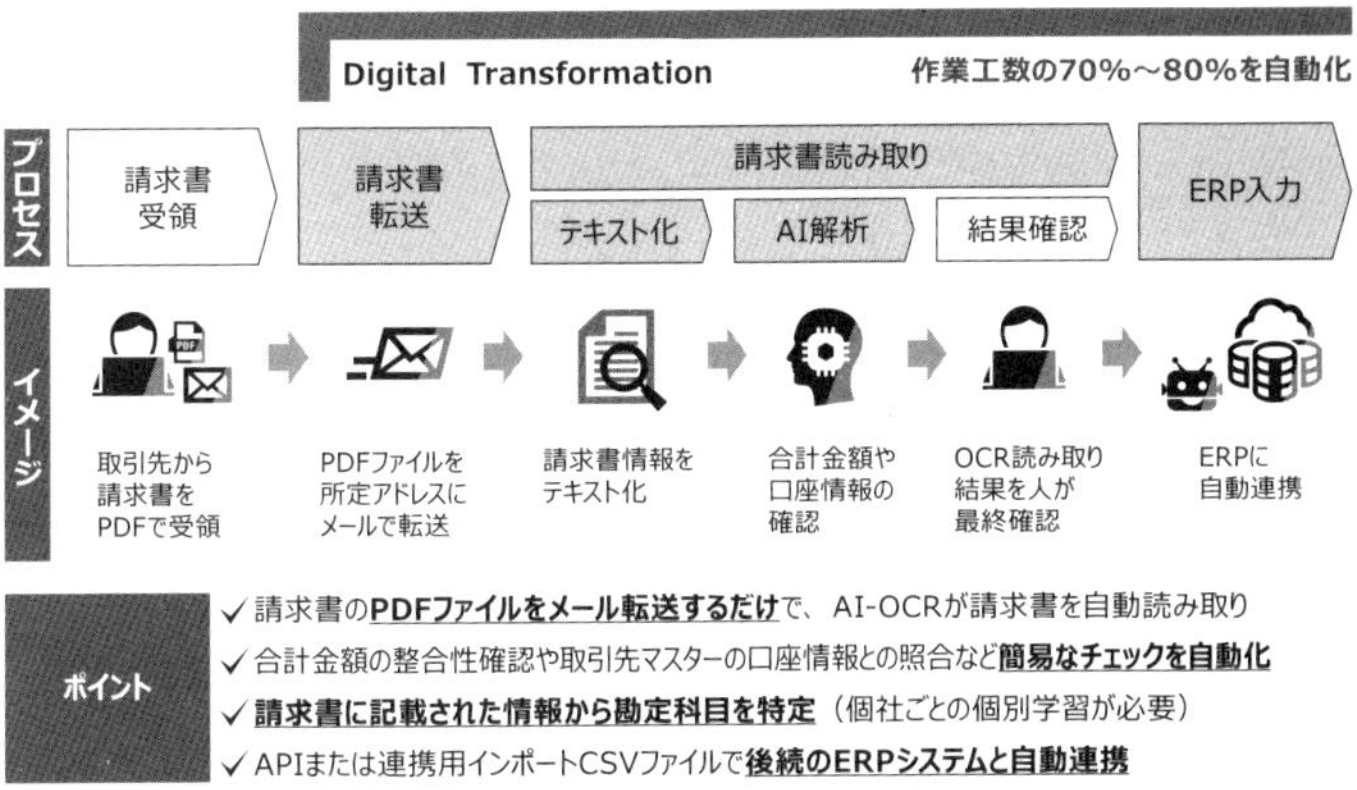
Digital Transformation
作業工数の70%〜80%を自動化
プロセス
請求書受領
請求書転送
請求書読み取り
テキスト化
AI解析
結果確認
ERP入力
イメージ
取引先から請求書をPDFで受領
PDFファイルを所定アドレスにメールで転送
請求書情報をテキスト化
合計金額や口座情報の確認
OCR読み取り結果を人が最終確認
ERPに自動連携
ポイント
✓請求書のPDFファイルをメール転送するだけで、AI-OCRが請求書を自動読み取り
✓合計金額の整合性確認や取引先マスターの口座情報との照合など簡易なチェックを自動化
✓請求書に記載された情報から勘定科目を特定（個社ごとの個別学習が必要）
✓APIまたは連携用インポートCSVファイルで後続のERPシステムと自動連携

ERP：統合業務システム　AI：人工知能　OCR：光学的文字認識　API：アプリケーション・プログラミング・インタフェース

てリモートワークが日常化したことから、取引先と連携して、ＰＤＦの請求書で代替する動きが広がっている。こうした企業の間では、既に請求書の約８割がＰＤＦでやり取りされており、このソリューションもＰＤＦの請求書を前提としている。

ここまでは従来の業務の延長線上にあるが、次のステップ以降はＤＸによって大きく変わる。普通なら経理担当者は請求書をチェックした後、ＥＲＰ（統合業務システム）にデータ入力する必要があるが、このソリューションではＰＤＦの請求書が添付されたメールを所定のアドレスに転送するだけでいい。

メールの転送先はデジタルレイバー（ＲＰＡのロボット）だ。以降、デジタルレイバーがＯＣＲ（光学的文字認識）で請求書の情報を読み取り、ＡＩ（人工知能）と連携して勘定科目を特定したり、各種マスターデータと突き合わせて請求内容をチェックしたりする。経理担当者は、デジタルレイバーがプッシュ通知する結果を最終確認すればよい（必要ならデータを修正する）。後はデジタルレイバーがＥＲＰにデータ入力して、支払手続きを完了させる。

このＤＸにより、経理担当者の作業工数のうち7〜8割が自動化された。経理担当者は、自動化されたワークフローに従っていれば、必要な処理を漏れなく終えられる。この過程でＥＲＰの画面を操作することはない。

特筆すべきは、口座番号の確認、勘定科目の特定、ＥＲＰの操作など、判断の入らない単純作業から人が解放されている点である。これにより、人は判断業務に専念できるようになる。

2つめのＤＸ例は対話型経費精算ソリューションだ（**図6-4**）。これも実際に当社で利用している。チャットボット（自動応答システム）を起点とした自動経費精算の仕組みである。利用者はスマートフォンでチャットボットと対話し、その応答に従うだけで経費精算を終えられる。

例えば仕事でタクシーを利用した場合、チャットボットの指示に従ってタクシーの領収

図6-4　DX事例：経費精算コンシェルジュ

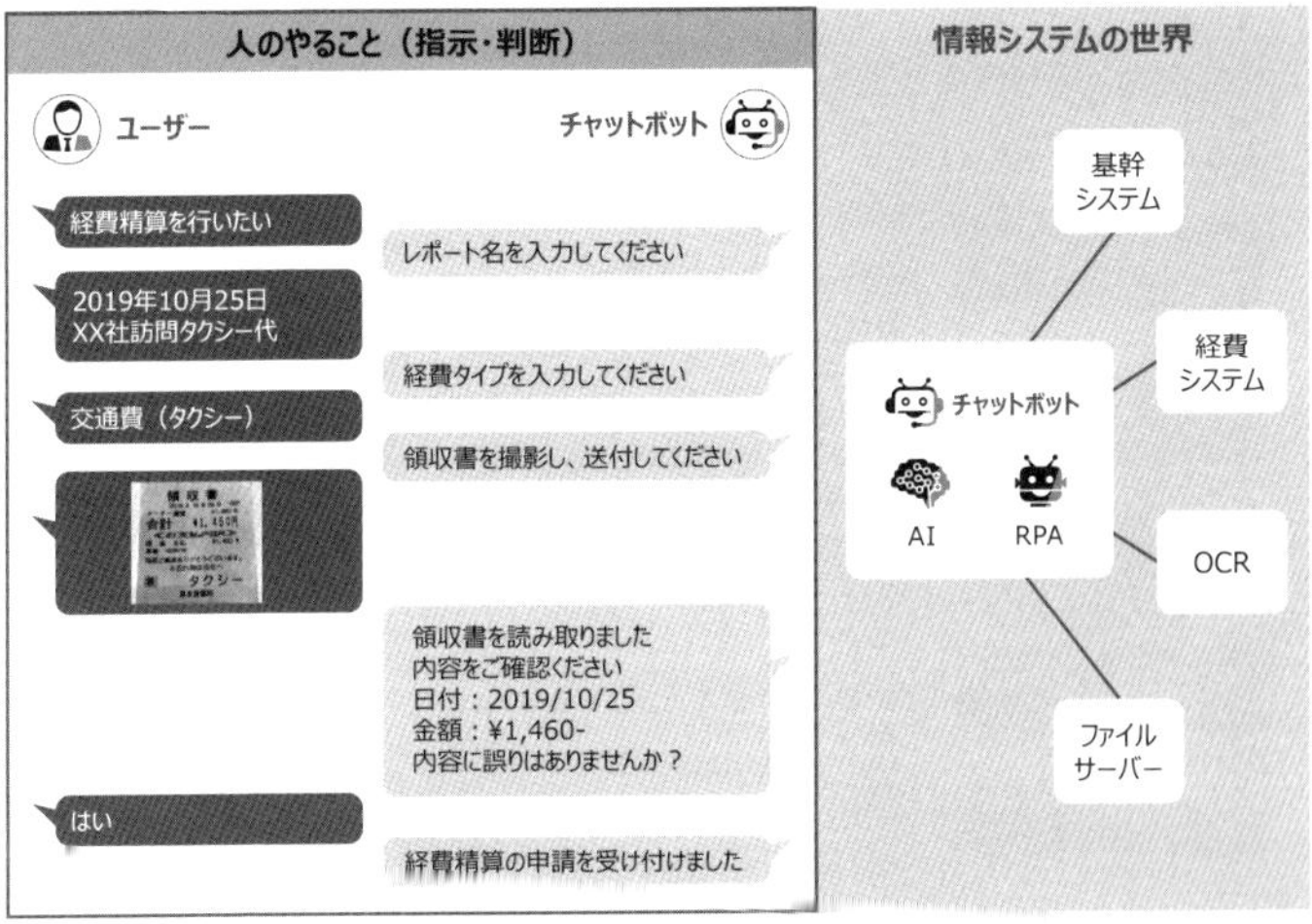

AI：人工知能　RPA：ロボティック・プロセス・オートメーション　CRM：顧客情報管理　SFA：営業支援　ERP：統合業務システム

書をスマホで撮影し、所定のアドレスにメールで送信する。するとデジタルレイバーが起動し、領収書の文字をOCRに読み取らせ、テキストデータに変換してくれる。利用者は読み取り結果を確認したら、それ以降、チャットボットと対話しながら、タクシーの利用目的、出発地・目的地などの情報を入力していけば経費精算を全て終えられる。

先ほどの請求書支払い業務のリモート化ソリューションと同様に、ここでも経費精算システムの画面にはノータッチである。ヒューマンインターフェースはチャットボットだけ。人は、経費精算システムの使い方、入力の仕方を気にする必要はない。

図6-5　DX事例：営業コンシェルジュ

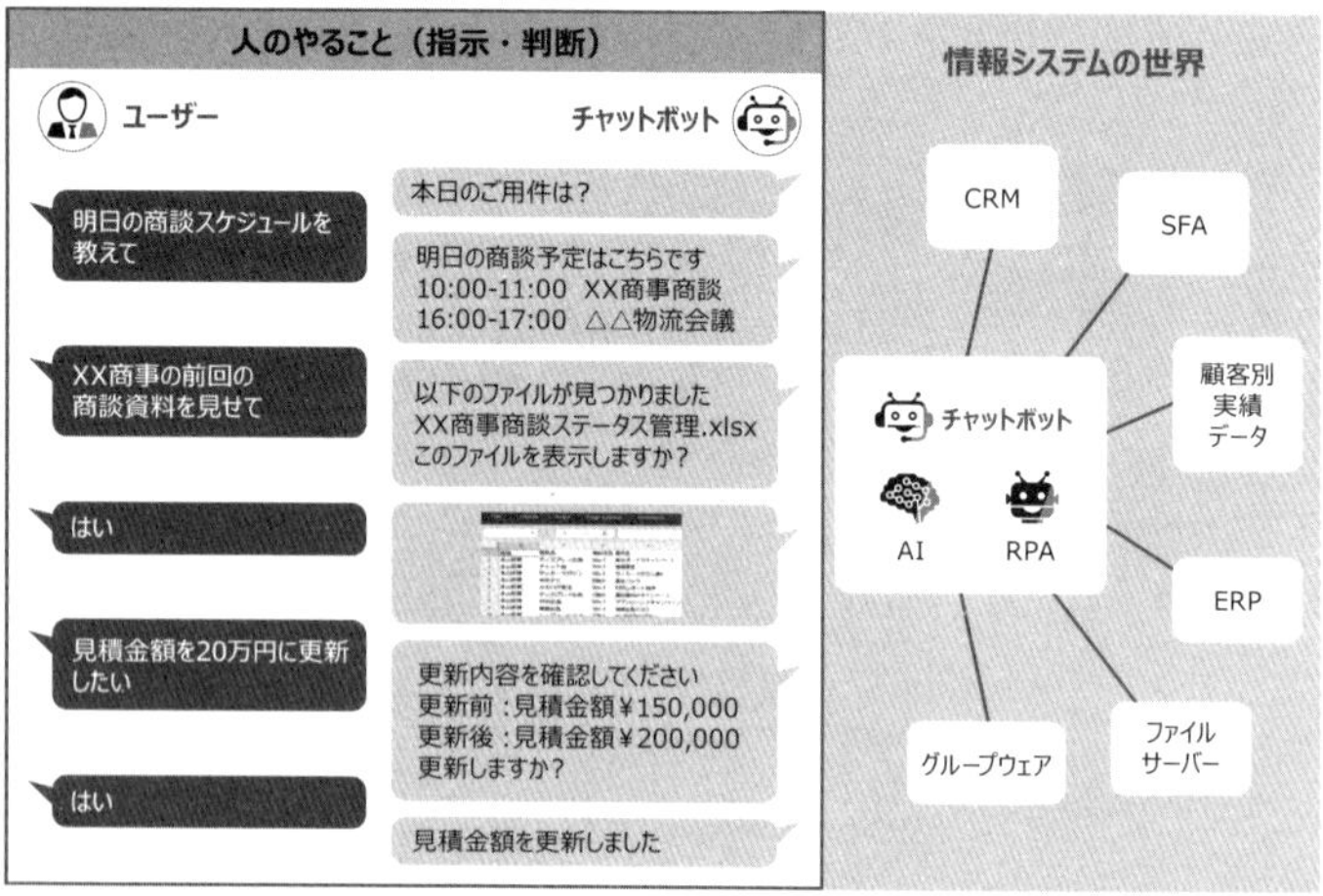
人のやること（指示・判断）
ユーザー
チャットボット
本日のご用件は？
明日の商談スケジュールを教えて
明日の商談予定はこちらです
10:00-11:00　XX商事商談
16:00-17:00　△△物流会議
XX商事の前回の商談資料を見せて
以下のファイルが見つかりました
XX商事商談ステータス管理.xlsx
このファイルを表示しますか？
はい
見積金額を20万円に更新したい
更新内容を確認してください
更新前：見積金額￥150,000
更新後：見積金額￥200,000
更新しますか？
はい
見積金額を更新しました
情報システムの世界
CRM
SFA
顧客別実績データ
チャットボット
AI
RPA
ERP
グループウェア
ファイルサーバー

AI：人工知能　RPA：ロボティック・プロセス・オートメーション　CRM：顧客情報管理　SFA：営業支援　ERP：統合業務システム

最後のDX例は、営業コンシェルジュソリューションだ。これは先に紹介した2つの例と異なり、企業の導入事例はないものの、営業人財を煩雑な営業事務作業から解放するソリューションとして関心が高い。

図6-5は、このソリューションの利用イメージを示している。利用者はスマホ上でチャットボットと対話しながら、商談スケジュールや商談資料を確認したり、商談相手に見積書をメールで送付したりできる。ここでもヒューマンインターフェースはチャットボットだけだ。

チャットボットの背後にはCRM（顧客情報管理）やSFA（営業支援）など

の情報システムやSaaS（ソフトウエア・アズ・ア・サービス）群が動作している。商談スケジュール、商談資料、見積書などの情報は全て、これらの情報システムに保存されている。チャットボットは利用者に代わって情報システムにアクセスし、パソコンやスマホなどの画面上に呼び出したり、変更を加えたり、メールで送信したりする作業を実行してくれるのである。

情報システムの操作は、人ではなくデジタルレイバーに

DXにより、人の役割がどのように変化するのか、イメージしてもらえただろうか。大きく変化するのは、①デジタルレイバーが全ての定型的な業務の実行者であること、②人はデジタルレイバー（チャットボットなど）の要求通りに指示・情報を与え、その結果を確認し意思決定すればよいこと、③人は情報システムに直接触れないため、操作方法や処理プロセスを知る必要がないこと、である。

つまり、人を処理プロセスから「排除」し介在させないということだ。人は、処理には関わらず、必要な時にデータを活用するだけになる。

従来のシステム化では、例えば情報システムを改良したり、より優れたSFAやCRM

のＳａａＳに入れ替えたりして業務効率を上げても、人が業務システムを操作する限り、情報システムの使い方を習得する必要がある。一度使い方を覚えたとしても、たまにしか使わない情報システムであれば、操作マニュアルを読み返すことになるはずだ。さらにＳａａＳを入れ替えるとなれば、従来の業務プロセスをＳａａＳに合わせて変更しなければいけない場合もあるだろう。これでは人が情報システムに合わせて仕事をしているようにみえる。

人が情報システムを操作し処理プロセスの一部に組み込まれている限り、プロセス、機能、操作を覚え習熟する必要が生じる。それだけではない、覚えたものであるからこそ変えられなくなる、あるいは変えたくなくなる。また、処理プロセスのなかで最も不安定で、精度が低く、遅い「ボトルネック」は人なのである。

定型的な業務処理において、このように「人が情報システムを直接操作するやり方」は、もう古い。従来のシステム化と同じやり方を続けていても、効率化には限界がある。

ＤＸを推進することで、この限界を突破することができる。「人が情報システムを操作する」のではなく、「デジタルレイバーが情報システムを操作する」という形にトランスフォーメーションし、人の役割を「指示」や「確認」、「意思決定」に限定するのだ。

これを図示したのが**図6-6**である。デジタルレイバーは人と情報システムの間に入り、

図6-6　デジタル・ビジネス・プラットフォームで進化する業務プロセス

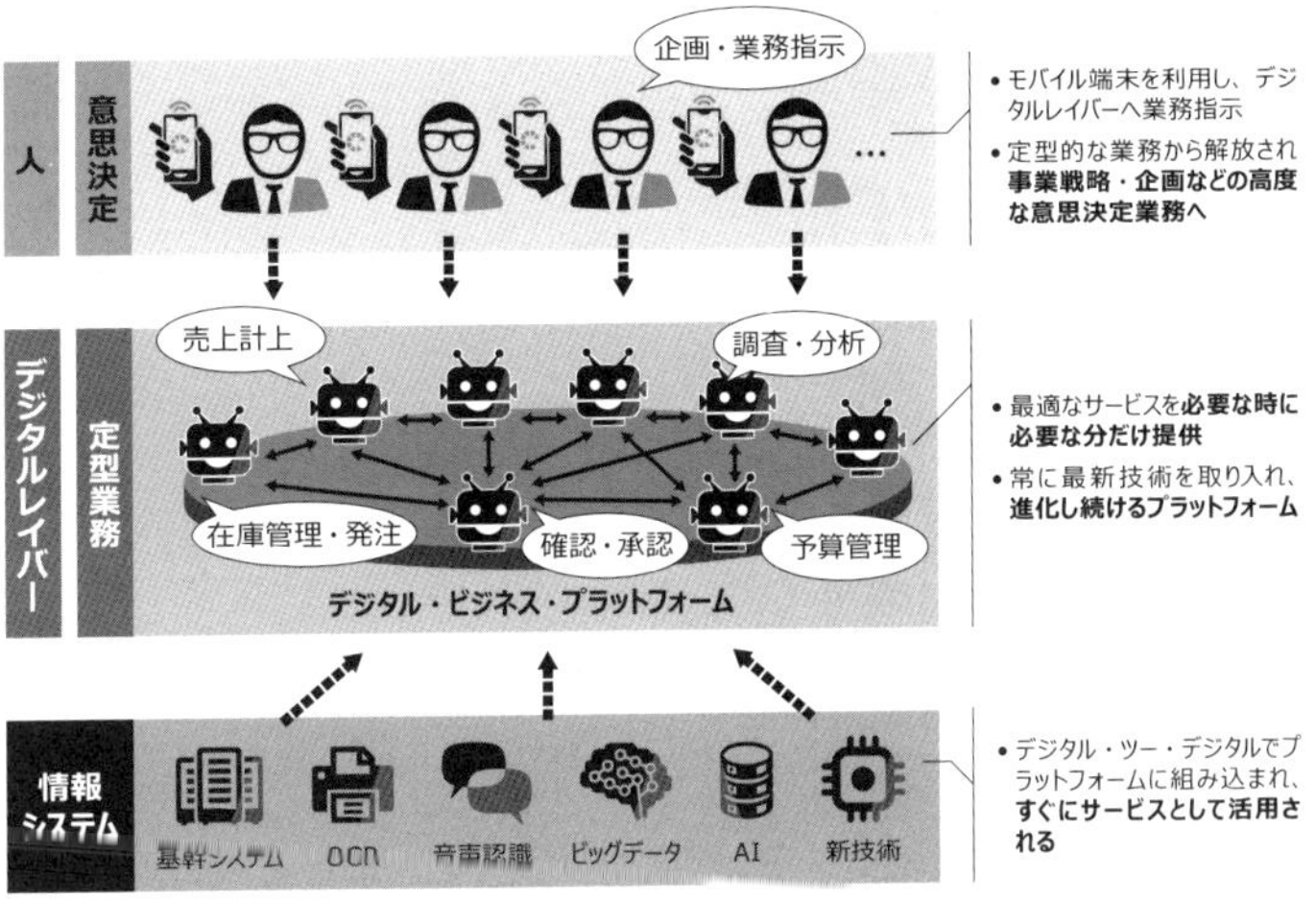

OCR：光学的文字認識　AI：人工知能

統一されたヒューマンインターフェースとして人の指示を受け付けたり、業務の実行に必要な情報を聞き取ったりしながら、情報システムを自動的に操作する。人に合わせて情報システムが仕事をしてくれる形といえる。

このデジタルレイバーと各種情報システム群で構成するデジタル基盤を、筆者は「デジタル・ビジネス・プラットフォーム」と呼んでいる。ヒューマンインターフェースが統一されているため、より優れた情報システムやデジタル技術が出てきたら、操作方法の違いを気にすることなく、すぐこのプラットフォームに取り込める。ある日、デジタル・ビジネス・プラットフォームのユーザーが処理のスピードアップや機能アップに気づくことがあるとしたら、それはチャットボットの背後で動作している情報システムが変更されたからだ。そういうことが起こり得る世界になる。

この変革により、人は日々、チャットボットなどのデジタルレイバーを相手にしているだけで、必要な業務をこなせるようになる。もう、多種多様な情報システムの存在を気にしなくてよい。そして人は、意思決定や企画など、人にしかできないクリエーティブな業務に集中することができる。

これこそがDXであり、D（デジタル活用）の側面からみた「DXの真髄」である。

6-2 DXを成功に導く3つのカギとは

習慣病を克服し、DXを成功に導くためのKSF（重要成功要因）があるとすれば何だろうか。ここでは、3つのカギを挙げたい（**図6-7**）。

第1に、強力なリーダーシップのもと、単なるツール導入に終わらせず、「組織・制度・

図6-7　DXを成功に導く３つのカギ

1. トップが号令を出し、**組織・制度・ルールも含めた改革**に取り組む
2. 抜本的な改革の**成功体験**を積み重ねる
3. 「デジタルを活用する」だけではなく**「企業文化を変える」**

ルールも含めた改革」に視点を拡張することだ。ＤＸは企業そのものを変えていく取り組みだけに、経営層によるリードが絶対に欠かせない。たった1人でも、社内に号令をかけ、自身が直轄する推進組織をつくって引っ張っていける人がいれば、ＤＸの輪は次第に広がり、最後は全社一丸となった活動にまで成長させられる。

戦う相手は、社内に染みついた習慣病である。現場がこれまで信じてきた考え方や行動を自ら破壊するのは困難なので、経営層がゴールを示し、強く動機づけることが必要不可欠となる。経営層がずっと現場任せにしているようでは、成功はおぼつかない。

習慣病を克服するには、その原因となっている「過去の成功体験」を、ＤＸの過程で獲得する「新しい成功体験」で上書きしていくのが最もよい。新しい成功体験は、ＶＵＣＡの時代に即した新しい習慣を生み出す。ＤＸを成功させる２つめのカギはこれだ。

積み上げるべき新しい成功体験とは、例えば多くの企業が取り組む「RPAを活用した業務プロセス改革」の経過をたどればよく理解できる。

最初は検証ばかりでなかなか導入が進まないものだが、どこか1つの部門がRPAで成果を上げると、「それならウチの部門でもやってみよう」と活用の輪が次々と広がっていく。いまでは多くの企業がデジタル化推進組織をつくり、全社を挙げてRPAに取り組んでいる。このアプローチは、DXで「新しい成功体験」を積むことにもそのまま当てはまる。実証済みの推進手法といっていい。ただし、現場から要望を集めてRPA開発をする「単なる自動化」の取り組みではDXにつながらない。1つめのカギに挙げた、制度やルールの変更や、組織横断の業務プロセス改革にまで踏み込んだ「抜本的な改革」の成功体験が必要だ。

21の習慣病で見てきたように、組織、業務の隅々までこだわりがあるのが日本企業である。新しいもの、新しいやり方に当初は懐疑的になる。その一方で、社内の成功体験があるレベルにまで積み上がれば、そこから先は全社一丸となって一気に改革が加速する。懐疑的な半面、よい点が確信でき、皆が始めると雪崩を打って転換するものだ。こうした動きを組織内でつくり出すことが重要となる。

最後のカギは、「企業文化」を変えるところまでを目指し、変革を継続することだ。RP

Aの活用から始め、DXを成功させた企業は、業務の効率化という成果だけでなく、前例踏襲の風潮を取り払い、「変えられる」、「変えていいんだ」という意識改革や組織文化改革にまでつなげている。変化を嫌がらない意識や組織文化への転換こそ、トランスフォーメーションそのものであり、DXの目指すところである。YKKベトナムの敷田透社長は、インタビューのなかで「工数削減も成果だが、社員の『気持ちの生産性』が上がったことが最も重要な成果だ」と語っていた。これは、自ら課題を見つけ、変革に挑戦していく意識の醸成と浸透を意味している。

まず社内のDXで社員一人ひとりが変革力を身につけるべき

DX成功の3つのカギを時系列のストーリーに展開すると図6-8のように表せる。現場中心の試行段階からトップのリーダーシップによる全社改革へ、改善から改革へとレベルアップし、成功体験を積んでいく。成功体験を積んでいくことで、自ら変革していく意識・文化が醸成され、社内に浸透していく。この段階まで来ると、次のような行動様式が組織内に定着する。

図6-8　抜本的な改革の成功体験を得て、変革意識の浸透・定着へ

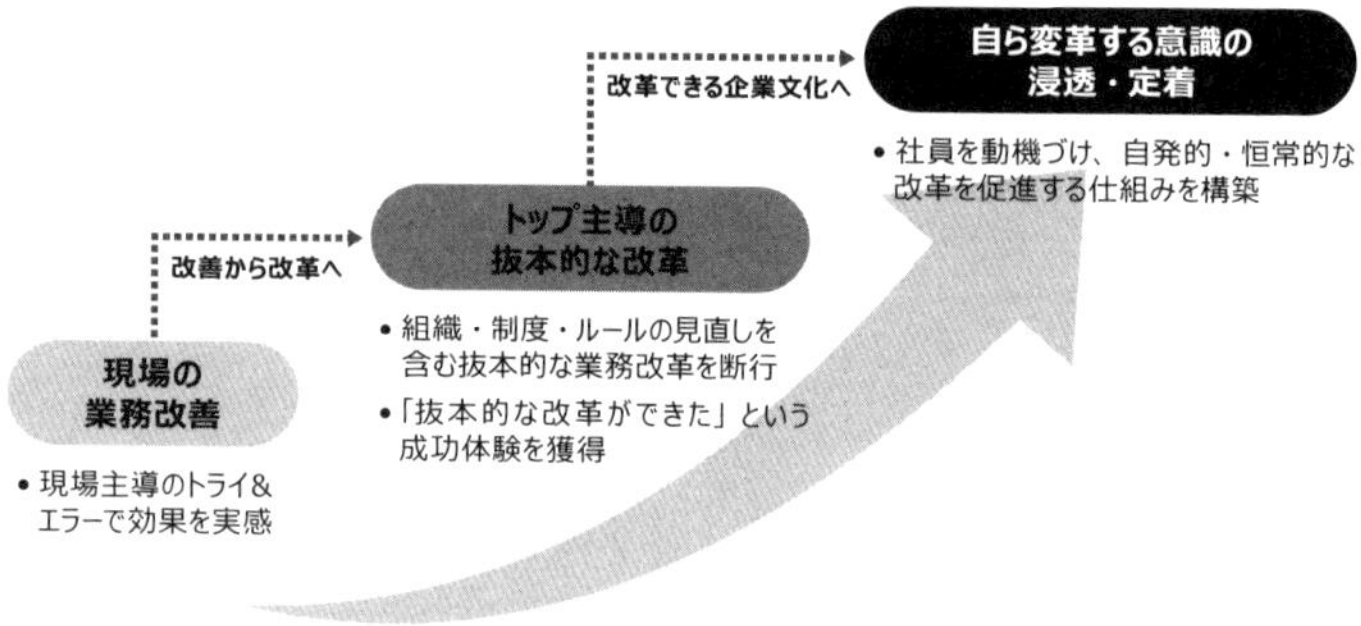

・現場組織が自主的に推進しながらも、現場に閉じた権限ではなく、会社全体の権限・責任のもとで（組織をまたがる／全社ルールを変えるような改革も）進めることができる

・個人の利益のためではなく、会社全体の利益を追求する

・過去や現在にとらわれることのない、未来志向である

ここで最も重要なのは、人のやる気をどうやって引き出すか。社員が自ら能動的に動く仕組みをつくることだ。実は、これは日本の経営者が最も苦手とするところだが、本書で紹介した事例に多くのヒントがある。

ＤＸには、既存業務を飛躍的に効率化させる社内のＤＸと、新ビジネスを創出するような顧客接点のＤＸの２つの側面がある。推進する企業にとっては、相対的に後

者への期待の方が大きい。新ビジネスを立ち上げ、成長のエンジンにしていきたい、という経営層の思いが強いからだ。しかし、社内でDXを十分に果たせていない段階で、顧客向けのDXをいきなり成功させられるだろうか。例えば、顧客が様々な手続きをウェブ上で済ませられるように改めたとしても、後続の社内業務プロセスを全て紙ベースでやっているようではダメだ。ビジネスを変革したとはとてもいえないし、顧客へのサービス向上も限定的である。

社内のDXをもっと重視し、先行すべきだ。そこでまず、社員一人ひとりが、自主的にトランスフォーメーションを続けていける力を磨く必要がある。その力を備えていない社員に顧客接点のDXを実現できるわけがない。しかも、社内のDXには、意思決定次第ですぐに着手できるのだ。

6-3

DXで日本企業復活へ

成長期に形成された「単一事業・量的拡大モデル」というべき、日本企業の経営スタイルは、長く続いた成功体験によって深く浸透し、強化され、無意識のうちに行動や思考を制御する習慣と化していた。90年代半ばに起こった「第4次産業革命」の局面では、大量生産・大量消費による成長期が終焉し、VUCAの時代が到来したが、日本企業は新たな経営スタイルを生み出すことができず、表面的な対応に終始した。結果として、かつて成長を支えた習慣は「習慣病」に転じ、変革を阻む足かせとなっている。これが「失われた20年（30年になりつつあるが）」の本質である。

新型コロナウイルスの災禍により、企業は突然、しかも強制的に変革を迫られた。「在宅勤務せざるを得ない」、「コミュニケーションを制限せざるを得ない」状況に直面し、否応なく仕事のやり方を見直すこととなった。そしてそれは、高成長期以来とらわれていた習慣病に対峙する契機ともなったのである。

これまでDXにチャレンジしながら挫折してきた企業の多くが、いま、これまでとは全く異なる高い目標を掲げ、体制を整え、本気でＤＸに取り組み始めている。いくつかの企業では、習慣病による思考停止を打破し、「自社の戦略実行に求められる組織・人財・デジタル技術は何か」、「この組織、この業務の目的は何か」、「なぜこの制度、方法を採っているのか」といった本質的な問いに向き合い、抜本的な変革を目指している。

このような努力に対して深い敬意の念を抱くとともに、その努力は必ず実を結び成果につながると確信している。それは、過去の類を見ない成功によって形成された強固な構造、習慣病を、自ら意思を持って破壊する変革であり、「日本型ＤＸ」と呼ぶべきものになるだろう。

かつて世界市場をリードした日本企業、ＤＸを成功させ、再び活躍する日本企業の姿を見てみたい。

その実現に、私もコミットする。

おわりに

『RPAの威力』、『RPAの真髄』と同様、本書も多くの人に支えられて出来上がりました。まずは、インタビューにご協力いただいた先進6企業の皆様に感謝を申し上げたい。コロナ禍でのインタビュー、撮影、原稿確認、そして社内調整にご尽力いただき、本当にありがとうございました。

また、『RPAの威力』、『RPAの真髄』に引き続き、本書を発行する機会をくださった日経BP総合研究所 イノベーションICTラボ 所長の戸川尚樹氏をはじめとする日経BPの皆様に感謝を申し上げたい。特に、各社インタビューにご一緒いただいた渡辺享靖氏、執筆全般の苦楽を共にした茂木俊輔氏、装丁にご尽力いただいた平山舞氏には深謝の意を表します。

振り返ると、アビームコンサルティングの皆が一つひとつのプロジェクトで一緒に汗を流して必死にやってきた結果、唯一無二となる様々なノウハウが生まれ、その蓄積が本書につながりました。特に、企画から完成まで協力してくれた片岡知子氏、事例パートで協力してくれた佐藤耕治氏、西山清史氏、雨宮賢氏、伊藤憲彦氏、小宮伸一氏、能田啓史氏、調査・図表作成に協力してくれた中丸恭丘氏、河野秀斗氏、友田龍征氏、渡辺竜太氏、下間香菜子氏、荒木貴裕氏に感謝の意を表したい。

ここに全員の名前を挙げきれませんが、ほかにも多くの同僚や家族の支援がなければ本書は完成しなかったでしょう。みんな本当にありがとう。

そして、読者の「あなた」に感謝の意を表します。最後まで読んでいただき本当にありがとうございました。本書があなたの役に立ち、あなたがＤＸに踏み出す契機となることを祈っております。

安部 慶喜
柳 剛洋

著者紹介

安部 慶喜 (あべ よしのぶ)

アビームコンサルティング 執行役員 プリンシパル。製造業、卸売業、サービス業、運輸業、銀行、保険、エネルギー業界といった多様な業界を対象に、デジタル改革、働き方改革、制度・業務改革、組織改革、ERP導入、法制度対応、成功報酬型コストリダクション、経営戦略立案、新規事業支援など、幅広い領域でコンサルティング業務に従事。主な著書はAmazonベストセラー「RPAの威力」、「RPAの真髄」(いずれも日経BP)など。

柳 剛洋 (やなぎ たけひろ)

アビームコンサルティング ダイレクター。製造業、卸売業、専門サービス業、銀行、ノンバンク、エネルギー業界といった多様な業界を対象に、デジタル改革、働き方改革、制度・業務改革、組織改革、経営戦略立案、新規事業支援など、幅広い領域でコンサルティング業務に従事。著作、寄稿など多数

DXの真髄

～日本企業が変革すべき21の習慣病～

2020年10月19日　第1版第1刷発行

著　　者　安部 慶喜、柳 剛洋
発 行 者　小林 暢子
発　　行　日経BP
発　　売　日経BPマーケティング
　　　　　〒105-8308 東京都港区虎ノ門4-3-12
装　　幀　日経BPコンサルティング
印刷・製本　大應

本書籍に関するお問い合わせ、ご連絡は下記にて承ります。
https://nkbp.jp/booksQA

Printed in Japan
ISBN978-4-296-10633-2